Cover Art by Tenjin Ikeda
(Awo Falase Adesoji Oyasanya Fatunmbi)
www.adesoji.com

Copyright © 2014 Falokun Fatunmbi
All rights reserved.
ISBN: 10: 1502947269
ISBN-13: 978-1502947260

# ORÍKÌ

By

*Awo* Falokun
Fatunmbi

# Acknowledgements

I thank the ancestors for creating and preserving an incredibly sophisticarted system for invoking Spirit. It is a gift from the ancestors of traditional Yoruba culture to the World and we are grateful for their blessing.

*Ire*

*Awo* Falokun Fatunmbi

*Ile Iwa Pele*

# Introduction

The indeginous religion of traditional Yoruba culture is called *Ifa*. The religion of *Ifa* is a sophisticated system for guiding the growth and development of personal consciousness. At the foundation of this system is a rich collection of invocations called *Oriki*. The word *Oriki* from the elision *ori kiki* means to praise consciousness. *Ifa* teaches us that everything in Nature has consciousness. *Ifa* also teaches us that Forces in Nature can communicate with human consciousness through the intervention of altered states of consciousness. In simple simple terms altered states of consciousness are the consequence of right brain, left brain integration. *Ifa* is based on the idea that altered states of consciousness can be invoked through the use of words and through the power of speech.

The structure of *oriki* is to describe some of the characteristics of the Spirit being invoked. In cluded in most *oriki* are words or series of words called *ofo ase*. The function of *ofo ase* is to trigger possession. The word *ofo ase* means words of power. In this collection of *oriki* the *ofo ase* is listed after each series of *oriki*. When *oriki* is spoken in ritual *ofo ase* is interjected into the *oriki* at random. In Yoruba this process is called *ajo* or improvisation.

In addition to the element of *ajo oriki* are sung using what I call a heart song. This means they are sung according to the musical inspiration of the person who is speaking the *oriki*. There is no set way to sing *oriki*. Some *oriki* are stylized into set songs sung in the same way by the community. When this occurs the *oriki* becomes an *orin*. In Yoruba the word *orin* means song. During initiation it is typical to mix *oriki* and *orin* to create at atmosphere that opens the door to possession. I believe the *oriki* are sung becomes they are intended to put the person saying the *oriki* into possession and there is a clear shift in the singing of a person in normal consciousness and the singing of a person in an altered states of consciousness.

The reason the person saying the *oriki* goes into a state of possession is because possession is contagious. This means when the person saying the *oriki* goes into possession their altered state will trigger an altered state in others, including the consciousness of the person being initiated.

In traditional Yoruba culture *oriki* for *ori* and for *egun* (ancestors) are said by anyone regardless of whether or not they are initiated. The *oriki* for *Orisa* and *Ifa* are typically said by men and women who are initiated into either *Orisa, Ifa* or both.

For those who are not initiated into *Ifa Orisa* there is a caution that saying these invocations out loud could induce an altered state and that can be disorientating and confusion. If that should happen the altered state will go away quickly and is not something to be feared. For those who are uninitiated the English translation of these invocations can provide valuable insight into the Nature of Spirits who sustain the Spiritual landscape of *Ifa*.

# Table of Contents

| | |
|---|---|
| ORIKI EGUN | 9 |
| ORIKI ORI | 28 |
| ORIKI ESU | 36 |
| ORIKI OSOOSI | 72 |
| ORIKI OGUN | 77 |
| ORIKI OBATALA | 94 |
| ORIKI OLOKUN | 111 |
| ORIKI YEMOJA | 118 |
| ORIKI AGANJU | 126 |
| ORIKI OYA | 130 |
| ORIKI SANGO | 147 |
| ORIKI IBEJI | 158 |
| ORIKI OSUN | 163 |
| ORIKI ORISAOKO | 173 |
| ORIKI OSANYIN | 175 |
| ORIKI NANA BARUKU | 181 |
| ÌBÀ'SE MERÌNDINLOGN | 188 |
| ORÍKÌ ODU | 211 |
| ORÍKÌ IRE | 232 |
| ORÍKÌ ÒRÚNMÌLÀ | 243 |
| ORÍKÌ ELA | 277 |
| FÁIYABLE | 286 |
| CATEGORIES OF SPIRITUAL FORCES | 293 |
| PRAISE NAMES | 309 |
| YORUBA PRONOUNCIATION | 320 |

# ORÍKÌ EGÚN

ORÍKÌ EGÚN are invocations for the collective Spirit of the Ancestors. In the Yoruba language the word for a single ancestor is *Ara Orun,* meaning person in the realm of the ancestors. EGÚN refers to the collective spirit of all the Ancestors in a person's lineage. It is this pool of collective memory that forms the foundation for consciousness and is reborn through reincarnation.

These invocations are usually used in conjuction with marking the *Odu Oyeku Meji* twice on an *Ifa* tray. One mark of *Oyeku Meji* is used as a portal to *Orun* (the realm of the ancestors) and the second mark of *Oyeku Meji* is used as a portal to *aye* (the return to earth). These invocations may be used to honor the Ancestors at public rituals, to ask for the blessing of the Ancestors at initiations and to make offerings to the Ancestors as persccribed by divination.

# EGÚN JE WA MEMU

(Pouring Libation to the Ancestors)

**Ìbà se Ose - Oyeku.**

> I respect the sacred scripture that guides our communication with the ancestors.

**E nle oo rami oo.**

> I am greeting you my friends.

**Eiye dudu baro Babalawo la npe ri.**

> The black bird touched the dye in the name of all diviners.

**Eiye dudu baro Babalawo ma ni o.**

> The blackbird touched the dye in the name of all diviners in his name.

**Igba kerìndínlogun a dana igbo Ose.**

Sixteenth times we make a fire in back of Ose.

***O digba kerìndínlogun a dana igbo Ose 'na oo rami o.***

The sixteen fires do not harm me.

***O jo geregere si owoko otun.***

The roaring fire burns to the right.

***O gba rere si tosi o.***

The roaring fire burns to the left.

***Ora merìndínlogun ni won ima dana Ifa si.***

Sixteen places we make fires of wisdom.

***Emi o mona kan eyi ti nba gba r'elejogun o. A<u>se</u>.***

When I did not know the road to follow, I should have followed destiny. May it be so.

- 11 -

# ORÍKÌ EGÚN

(Praising the Ancestors, invocation for consecration of Ancestor shrine and *Aso Egún*)

**Egúngún kiki egúngún.**

Praise to the mediums of the Ancestors.

**Egún ikú ranran fe awo ku opipi.**

Ancestors have preserved the mystery of featherless flight.

**O da so bo fun le wo.**

You create the words of reverance and power.

**Egún ikú bata bango egún de.**

The drums of the Ancestors announce the arrival of the Ancestors.

*Bi aba f'atori na le egún a se de.*
*A<u>se</u>.*

> On the strong mat you spread your power, the Ancestors are here. May it be so.

## ORÍKÌ EGÚN

> (Praising the Ancestors, invocation for consecration of Ancestor shrine and *Aso Egún*)

*Ilè mo pè ó o. Egúngún, mo pè o o. Egúngún, mo pè o o. Egúngún, mo pè o.*

> Earth I call on you. Ancestor, I call on you. Ancestor, I call on you. Ancestor, I call on you.

*Eti were ni ti èkuúté ilé o. Asùnmáparadà ni tigi àjà o.*

> House rats are very alert. Rafters never change their position.

*Àgó kìí gbó ekun omo re kò máà tati were.*

Rat does not disregard the cry of its young ones.

**Àwa omo re ni a pé o; a wá láti se oún re.**

We, your children, gather here for your annual ceremony.

**Máà jé kí a pa odún je; máà jé kí odún ó pa àwa náà je.**

Do not let us die during the year.

**Olódún kìí pa odún esin run. Egúngún kìí pa odún esin run.**

Those who give the annual offerings do not willingly abolish the practice. The society of mediums does not abolish its annual practice.

**Máà jé kí a rí ikú omom máà jé ki a rí ikú obinrin.**

Prevent the death of children and wives.

*Máà jé kí a rí ìjà ìgbóná. Lilé ni kí a máà lé si, máà jé kí a pèdín.* **A_se_.**

> Save us from disease. Let us multiply and increase. May it be so.

# ORÍKÌ ADIMU EGÚN

(Praising the Ancestors when offering libation and cola nut)

*Egúngún wa yana wa neni, je wa memu.*

> Ancestors please call on us today, and drink our palm wine.

*Egúngún Baba Iya yana wa o, je wa gb'obi pa.*

> Ancestors, Fathers and Mothers, please come so that you may accept offerings and split the cola nut.

*Egúngún wa yana wa.* **A_se_.**

Our Ancestors please call. May it be so.

# ORÍKÌ AWON BABA MI

(Praising the Ancestors of the Spirit of Destiny)

**Egúngún gún ani o gún, Akala ka ani oka lekeleke foso.**

Spirit of the Ancestors mount the mediums smoothly, the vulture circles the ceremony like a snake.

**Ani ofun fun a difa fun. Òrúnmìlà Baba n'on ko lase lenu mo.**

The white-feathered bird cleans us in flashes of light. The wisdom of the Spirit of Destiny is emitted in flashes of light.

**Woni kolo pe Baba pe lode Òrún. Tani Baba Òrúnmìlà, morere ni Baba Òrúnmìlà.**

The wisdom is acknowledged as coming from the Owner of the Realm of the Ancestors. Look to the Spirit of Destiny, all good fortune comes from the Spirit of Destiny.

***Mije morere no o. To ase si ni lenu morere mi o. A<u>se</u>.***

Seven blessings is the power of light. The seven blessings of light are the spiritual powers that come to us. May it be so.

## OFO A<u>SE</u> EGÚNGÚN

(Invocation for Ancestors to mount the mediums)

***Egúngún ajùwòn lùkùlùkù gbugbu. A rago gbálè egúngún kiki egúngún.***

The mediums of the Ancestors have the power to transform death. We sweep the earth to salute the wisdom of the Ancestors.

***Tògògò okú yi gbé ni eni ará kan ti nj'ijó awo, isò ràn l'okun nde l'agbùrè,***

> The Spirit of Death guides the head to touch the mat of those Ancestors who have met in secret, to speak of the bond of secrecy,

***ìgbà ti ng o s'oran okùn, kil'e m'okùn, so mi l'apá si omo keke mo sá***

> it is the oath of sea water, sea water offered to the Earth, it is a sign that water is the child of growth,

***mo ny sewe k'apinni, Àbàjà mo bù mo mu sewe l'agbùrè,***

> we drink without negativity; I wear body marks as a sign of my oath of secrecy.

*gòmbó mo wà mo mu sewe l'igborí, tori igborí mi l'oyo - mo - ko. A<u>se</u>.*

They show that I pledge my loyalty to the spirits, from this oath I receive the food of learning. May it be so.

## OFO A<u>SE</u> EGÚNGÚN

(Invocation for Ancestors to mount the mediums)

*Ìbà a se Oyeku Meji ati Oyeku Meji, mo juba.*

I respect the Holy Scripture that honors the Ancestors and I give it praise

*Ìbà a se Egún, mo juba.*

I respect the Spirit of the Ancestors and I give them praise.

*Ìbà a se Arúku, mo juba.*

I respect the Spirits that transform our Ancestors and I give them praise.

***Ìbà a se Eluku, mo juba,***

I respect the Spirits that elevate our Ancestors and I give them praise.

***A dupe gbogbo egún embelese Olodumare.***

I thank the spirit of those ancestors who honor the Spirit of Creation.

***Ini* (name) *omo* (name of spiritual parents).**

I am (name) child of (name spiritual parents).

***Egún pèlé o. Egún pèlé o. Egún pèlé o.***

Ancestors I greet you.
Ancestors I greet you.
Ancestors I greet you.

*Egún mo pé o. Egún mo pé o. Egún mo pé o. Ni igba meta.*

> Ancestors I call you. Ancestors I call you. Ancestors I call you. I call you three times.

*Egún ikú ranran fe awo ku opipi. O da so bo fun le'wo.*

> Ancestors have preserved the mystery of featherless flight. You create the words of reverance and power.

*Egún wo'le wa. Yana wa neni. Egún wo'le wa. Yana wa neni. Egún wo'le wa. Yana wa neni.*

> Anestors you are welcome at this house. Please call today. Ancestors you are welcome at this house. Please call today. Ancestors you are welcome at this house.

*Je wa adimu pa. Ti won ba nje lajule Òrun ba won je. Bi ekolo ba juba ile ile a lanu.*

Come and accept our offering. Whatever good things are eaten in the Realm of the Ancestors please partake. If the earthworm pays homage to the Earth, the Earth shares Her abundance.

**Omode ki Ijuba ki iba pa a. Ma ja kiki won Òrun, a dupe.**

If the child honors their parent they never suffer from neglect. All respect to the powers of the Realm of the Ancestors.

**Ìbà Baba. Ìbà Yeye. Ìbà Baba. Ìbà Yeye. Ìbà Baba. Ìbà Yeye.**

Praise to the Fathers. Praise to the Mothers. Praise to the Fathers. Praise to the Mothers. Praise to the Fathers. Praise to the Mothers. We respect the Fathers and the Mothers.

**Mo juba** (name of ancestor)

I praise (name of ancestor)

\* Include all those ancestors you wish to remember preceded by the words; *Mo juba.*

**Egún fun me lo mo, a dupe. Egún fun me la l'afia, a dupe.**

Ancestors we ask for your help and give you thanks. Ancestors we ask for good health and we give you thanks.

**Egún Oro ti ase fun Òrun ni awon, a dupe.**

Ancestors we ask for the power of transformation from the Realm of the Ancestors and we give you thanks.

**Ìbà Oluwo** (name of chief priest). **Ìbà Iyàgba** (name of chief priestess)

I respect (name of chief priest.) I respect (name of chief priestess)

**Ìbà Ojugbona a ko ni li -'fá, a ko ni li Òrìsà.**

I respect all those teachers who have taught me the ways of *Ifá* and *Òrìsà*.

**Ki kan mase** (name of elder).

I ask for the support of (name of elder)

\* Name each elder you want to acknowledge preceeded by the phrase *Ki kan mase.*

**Egún e nle o o rami o o. Èmí o mona kan eyi ti nba gba Orí Egún. A<u>se</u>.**

Ancestors, I am greeting you my friends. When I do not know which road to follow I will turn to the wisdom of the Ancestors. May it be so.

# OFO A<u>SE</u> ADIMU EGÚN

(Invocation for presenting food to the ancestors)

*Má jòòkùn ma, ma jekòló, ohun tí wón bá njè Lájùlé Òrun, ni kó ma- bá wón je. A<u>se</u>.*

Don't eat millipedes, don't eat earthworms, but whatever good things they eat in the Realm of the Ancestors, eat with us now. May it be so.

# ORÍKÌ EGÚNGÚN

(Welcoming the Mediums to a public ceremony)

*Awa náà ní n jé dede, Egún ní n jé dede, awa náà ní n jé dede.*

We are the magnificent, ancestors are the magnificant, and we are the magnificent.

*Egún ní n jé dede, awa náà ní n jé dede, Okuùnkùn - bojú - òpópó ní n jé dede.*

Ancestors are the magnificent, we are the magnificent, and

thick -cloud - overcasting -the - sky is the magnificent.

***Awa náà ní n jé dede. Ojò - kún - lò - lò - falè, ní n jé dede.***

We are the magnificent, flood - covering - the - ground is the magnificent.

***Awa náà ní n jé dede, awa náà ní n jé dede. A<u>se</u>.***

We are the magnificent, we are magnificent. May it be so.

# ORÍKÌ ORÍ

*ORÍKÌ ORÍ* are invocations used to access our Inner Spirit. The invocations open our consciousness to our full potential by placing us in alignment with our highest destiny. These invocations are frequently used with the process of *abori*. The word *abori* from the elision *a ebo ori* meaning an offering to our personal consciousness. When *ORÍKÌ ORÍ* are chanted as part of *abori* the *Ifa* tray is maked from left to right with the *Odu Ofun Meji, Ofun Ogbe* and *Eji Ogbe*.

# ORÍKÌ ORÍ

(Praising the Inner Spirit in the Morning)

*Èmi mà jí lóni o, o. Mo forí balè f 'Olorún.*

> Now I am waking up. I give respect to the Realm of the Ancestors.

*Ire gbogbo maa' wa'ba' me, Orí mi da'mi da'iye. Ngò kú mó. Ire gbogbo ni t'èmí. Imole ni ti Àmakìsì. A<u>se</u>.*

> Let all good things come to me. Inner Spirit give me life. I shall never die. Let all good things come to me. The Spirits of Light belong to Àmakìsì. May it be so.

# ORÍKÌ ORÍ

(Praising the Inner Spirit)

*Orí san mi. Orí san mi. Orí san igede. Orí san igede.*

> Inner Spirit guide me. Inner Spirit guide me. Inner Spirit support me. Inner Spirit support me.

*Orí otan san mi ki nni owo lowo. Orí otan san mi ki nbimo le mio.*

> Inner Spirit supports my abundance. Inner Spirit supports my future children.

*Orí oto san mi ki nni aya. Orí oto san mi ki nkole mole.*

> Inner Spirit supports my relationship. Inner Spirit protects my house.

*Orí san mi o. Orí san mi o. Orí san mi o. Oloma ajiki, ìwá ni mope. A<u>se</u>.*

Inner Spirit guides me. Inner Spirit guides me. Inner Spirit guides me. Protector of Children, my inner character is thankful. May it be so.

## ORÍKÌ ORÍ

(Praising the Inner Spirit)

***Bí o bá maa lówó, bèèrè lówó orí re. Bí o bá máa sòwò, bèèrè lówó orí re wo.***

If you want to have money, inquire of your head. If you want to start trading, inquire of your head.

***Bí o bá máa kolé o, bèèrè lówó orí re. Bí o bá máa láya o, bèèrè lówó orí re wo.***

If you want to build a house, inquire of your head. If you

want a relationship, inquire of your head first.

***Orí máse pekùn dé. Lódò re ni mi mbò. Wá sayéè mi di rere. As̲e̲.***

Inner spirit please do not shut the gate. It is you that I am coming to. Come and make my life prosperous. May it be so.

## ORÍKÌ ORÍ

(Praising the Inner Spirit)

***Orí mi yé o, jà jà fun mi. Èdá mi yé o, jà jà fun mi. As̲e̲.***

Inner Spirit plese fight, fight for me. Creator please fight, fight for me. May it be so.

## ORÍKÌ ORÍ

(Invocation for cleaning the head at the River)

*Òtún awo Ègbá Òsì awo Ìbarà bí a kò bá fi òtún kí a fi òs ì we òsì ara kì í mó.*

Right hand, Egba's diviner, left hand Ibara's diviner, if we fail to clean the right side with the right hand and clean the left side with the left hand,

*Dífá fún Awun tó nl o rè é we orí olà l'ódò Àwè l'ówó, àwè ní ire gbogbo. A<u>se</u>.*

Cast Ifa for Awun on the day that he was going to clean his head for abundance. May the cleaning bring wealth and good fortune. May it be so.

## ORÍKÌ ORÍ

(*Ogunda Meji*, Invocation for breaking a self-hex)

*Orí, pèlé, Atèté níran Atètè gbe ni kòòsà. Kò sóòsà tíí dá'níí gbè léyìn orí eni.*

Head, I praise you, who will always quickly bless your own. You can bless a person before any divinity. No divinity blesses a person without the sanction of your head.

**Orí pèlé, Orí àbíyè, eni orí bá gbeboo rè, kó yo sèsè. A<u>se</u>.**

Head we salute you, head that is destined to live, the person whose sacrifice head chooses to accept, let him rejoice. May it be so.

## ADURA BO'RI

(*Otura´ka* Invocation for Elevation of the Head during a fast)

**Orí awo we awegbo ma ni. Orí awo we awegbo ma ni.**

The mystery of the head is revealed through fasting, fasting is my offering. The mystery of the head is revealed through fasting.

***Ori awo we aweto ma ni. Ori awo we aweto ma ni.***

Fasting will reveal the mystery of my head. Fasting will reveal the mystery of my head.

***Ori awo we awemo ma ni. Ori awo we awemo ma ni. Iba se Otura'ka. A<u>se</u>.***

Fasting is the offering I make to my head. Fastinging is the offering I make to my head. I praise the Holy Odu Otura'ka. May it be so.

## ORÍKÌ OSUN

(Consecration of the *Osun* Staff

The guardian of *Ori*)

***Asèsè pa àjùbà níí fesè lé orí eràn geregeregere.***

The cultivator of a new farm usually stands hight on heaps.

**A dá fun Orunmila nlo gba òpá òtóótootó wáye, Ó mbo ó bá aro lóna.**

It was divined for the Spirit of Destiny, who was going to receive the healing staff from heaven and proceed to earth. On his way he met someone who was disabled.

**Ó ní kí ló se iwo tí o rí wónguwóngubáyii? Ó fi òpá òtóótootó kàn án, Lésèkannáà aró nà. A<u>se</u>.**

And he asked him, what made you so crooked? He touched him with his healing staff, and immediately he was made straight. May it be so.

# ORÍKÌ ÈSÙ

ORÍKÌ ÈSÙ are invocations used to call the Spirit of the Divine Messenger. This is the Spirit who is usually invoked first in a ritual context. The function of the Divine Messenger is to translate the language of Nature in the language of humans and the language of humans into the language of Nature. This process is the foundation for communication with Spirit. There are hundreds of different ÈSÙ. This collection is some of the more commonly used ÈSÙ.

f

# ORÍKÌ ÈṢÙ ORO

(Praising the Divine Messenger of the Power of the Word)

*Èṣù Oro mà ni kò. Èṣù Oro mà ya kò. Èṣù Oro fohun tire sile.*

The Divine Messenger of the Power of the Word causes confrontation. Divine Messenger of the Power of the Word do not cause me confrontation. The Divine Messenger of the Power of the Word has the voice of power

*Èṣù Oro ohun olohun ni ima wa kiri. Aṣe.*

The Divine Messenger of the Power of the Word has a voice that can be heard throughout the universe. May it be so.

# ORÍKÌ ÈṢÙ OPIN

(Praising the Divine Messenger of Boundaries)

*Ajibike, owuru ja s'ogun, isele, afaja b'Òrun be enia eleti gbofo, gb'aroye.*

> One who is saluted first, fighter who heals better than medicine. A phenomenon carries the dog upon his shoulder like a baby. One who has perforated ears to hearken all petitions.

*A bi etii luy ka bi ajere. O soro l'ano, o see loni Sàngó o gbodo pe t'Èṣù o si si.*

> He spoke yesterday. It comes to pass today; the Spirit of Lightning dares not deny the existence of the Divine Messenger.

*Oya o gbdo pe t'Èṣù o si si. Omolu o gbodo pe t'Èṣù o si si.*

The Spirit of Wind dares not deny the existence of the Divine Messenger. The Spirit of Infectious Disease dares not deny the existence of the Divine Messenger.

**Òsun o gbodo pe t'Èsù o si si. Ifá o gbodo pe t'Èsù o si si. Èsù Opin,**

The Spirit of the River dares not deny the existence of the Divine Messenger. *Ifá* dares not deny the existence of the Divine Messenger. Divine Messenger of Boundaries,

**Gboongbo ki gbongbo. Ajiboke owuru ja s'ogun Èsù ma se mi o.**

Root of all roots. Cherished one, the fighter heals better than medicine. Divine Messenger do not harm me.

**Ajibike ma se mi o. Èsù ma se mi o. Mo Rubo Èsù Opin o. Ase.**

Cherished one do not harm me. Divine Messenger do not harm

me. I make offerings to the Divine Messenger of Boundaries. May it be so.

## ORÍKÌ ÈSÙ ALAKETU

(Praising the Divine Messenger of Alaketu)

*La ro Alaketu aki Alaketu. Èsù Alaketu orí mi ma je nko o.*

You see Alaketu without going to Alaketu. Divine Messenger of Alaketu guide my head towards my path of destiny.

*Èsù Alaketu ba nse ki imo. Èsù Alaketu k'eru o ba onimimi.*

Divine Messenger of Alaketu I honor your deep wisdom. Divine Messenger of Alaketu find a place for my sorrows.

*Èsù Alaketu, fun mi of o ase, mo pèlé Òrìsa. Èsù Alaketu alajiki juba. Ase.*

Divine Messenger of Alaketu give me the words of power so that I might greet the Forces of Nature. Divine Messenger we pay our respects by dancing in a circle. May it be so.

## ORÍKÌ ÈS̲Ù ISERI

(Praising the Divine Messenger of the Morning Dew)

**Ès̲ù Iseri ganga to lojo oni. Mo fikú mi ro sorun re. Aye le o.**

The Divine Messenger of the Morning Dew who owns this day. I place my life in your care. The world is a difficult place.

**Mo fikú mi ro sorun re. Aye le o. Mo fikú mi ro sorun re. Ès̲ù Iseri to lojo oni.**

I place my life in your care. The world is a difficult place. I place my life in your care. The Divine Messenger of the Morning Dew who owns this day.

*Mo fikú mi ro sorun re. A<u>se</u>.*

I place my life in your care.
May it be so.

## ORÍKÌ È<u>S</u>Ù GOGO

(Praising the Divine Messenger of Full Payment)

*È<u>s</u>ù Gogo o, Orí mi ma je nko o.*
*È<u>s</u>ù Gogo o, Orí mi ma je nko o.*

> Divine Messenger of Full Payment; guide my head on the right path. Divine Messenger of Full Payment; guide my head on the right path.

*Elo lówó re Gogo? Ookan lowo È<u>s</u>ù Gogo baba awo. A<u>se</u>.*

> How much are you asking for Divine Messenger of Full Payment? The Divine Messenger of Full Payment, the Father of Mystery is asking for one penny. May it be so.

# ORÍKÌ ÈṢÙ WARA

(Praising the Divine Messenger of Personal Relationships)

*Èṣù Wara na wa o, Èṣù Wara o. Èṣù Wara na wa ko mi o, Èṣù Wara o.*

Divine Messenger of Personal Relationships brings good fortune, Divine Messenger of Personal Relationships. Divine Messenger of Personal Relationships brings good fortune to me, Divine Messenger of Personal Relationships.

*Ba mi wa iyàwo o, Èṣù Wara o. Ma je orí mi o baje o, Èṣù Wara o.*

Bring me a companion, Divine Messenger of Personal Relationships. Do not spoil my good fortune, Divine Messenger of Personal Relationships.

*Ma je ile mi o daru, Èṣù Wara o. Aṣe.*

Do not bring disruption into my home, Divine Messenger of Personal Relationships. May it be so.

## ORÍKÌ ÈṢÙ IJELU

(Praising the Divine Messenger of the Drum)

*Èṣù Ijelu, Èṣù Ijelu, Èsù Ijelu o gbe yin o. Elegbeje ado. Èṣù Ijelu, Èṣù Ijelu,*

> The Divine Messenger of the Drum, the Divine Messenger of the Drum. May the Divine Messenger of the Drum protects you. Owner of a thousand gourds, the Divine Messenger of the Drum, the Divine Messenger of the Drum,

*Èṣù Ijelu o gbe yin o. Elegbeje ado, Èṣù Ijelu, Latopa Èṣù Ijelu kenke,*

> May the Divine Messenger of the Drum protect you. You are the owner of a thousand gourds. The

Divine Messenger of the Drum, Novel one, the Divine Messenger of the Drum, do not confront me.

*Latopa Èṣù Ijelu kenke, Latopa Èṣù Ijelu kenke, Las eni dako Onilu o,*

Novel one, the Divine Messenger of the Drum, do not confront me. Novel one, The Divine Messenger of the Drum, do not confront me. The one who circumcised the Drummer,

*Èṣù Ijelu dako Onilu o. Aṣe.*

The Divine Messenger of the Drum circumcised the Drummer. May it be so.

# ORÍKÌ ÈṢÙ JEKI EBO DA

(Praising the Divine Messenger who Sanctions Life Force Offerings)

*Oo reran re. Oo reran re. Èṣù Jeki Ebo Da oo reran re. Oo reran re.*

He looks upon the offerings. He looks upon the offerings. The Divine Messenger who Sanctions Life Force Offerings, looks upon the offerings. He looks upon the offerings.

*Oo reran re. Èṣù Jeki Ebo Da oo reran re. Èṣù Jeki Ebo Da oo reran re.*

He looks upon the offerings. The Divine Messenger who Sanctions Life Force Offerings looks upon the offerings. The Divine Messenger who Sanctions Life Force Offerings looks upon the offering.

*Èṣù Jeki Ebo Da oo reran re. Èṣù Jeki Ebo Da gbe eni s 'ebo loore o. Aṣe.*

The Divine Messenger who Sanctions Life Force Offerings, looks upon the offerings. The Divine Messenger who Sanctions Life Force Offerings gives kindness to those who make offerings. May it be so.

## ORÍKÌ ÈṢÙ AGONGON GOJA

(Praising the Divine Messenger of the Wide Belt)

*Èṣù Agongon Goja, ereja. Èṣù Agongon Goja 'lasunkan. Èṣù Agongon Goja ola ilu.*

> The Divine Messenger of the Wide Belt collects offerings from the market. The Divine Messenger of the Wide Belt slides wealth close to us. The Divine Messenger of the Wide Belt is the wealth of the town.

*A ki i l'owo la i mu ti Èṣù Agongon Goja kuro. Aṣe.*

> To enjoy one's wealth, one must give The Divine Messenger of the Wide Belt respect. May it be so.

# ORÍKÌ ÈṢÙ ELEKUN

(Praising the Divine Messenger of the Hunters)

*Abimo tunmobi. Èṣù Elekun mo be mi. Iwo lo bi lagbaja to fi dolori buruku.*

> One who pushes and pushes again. Divine Messenger of the Hunter do not push me. You push one to become unfortunate.

*Iwo lo be tamodo to fi dolori ibi. Iwo lo be toun ti ko fi roju aiye re mo.*

> You push one to become unlucky. You push one to become without direction.

*Èṣù Elekun mo be mi. Abimo tunmobi. Èṣù Elekun orí mi mo je un ko oo.*

> Divine Messenger of the Hunter do not push me. One who pushes and pushes again. Divine

Messenger of the Hunter do not push me.

***Èsù Elekun orí mi mo je un ko oo. Elo l'owo re Èsù Elekun. Okan l'owo Èsù Elekun. Ase.***

Divine Messenger of the Hunter do not push me. Divine Messenger of the Hunter guides me towards abundance. Divine Messenger of the Hunter is the heart of abundance. May it be so.

## ORÍKÌ ÈSÙ AROWOJE

(Praising the Divine Messenger of the Ocean)

***Èsù Arowoje okun nu ni o si o ki e lu re ye toray. Èsù Arowoje b'omi ta 'afi.***

Divine Messenger of the Ocean, I will greet you for as long as there is water in the sea. Divine

Messenger of the Ocean let there be peace in the sea.

**Èṣù Arowoje b'emi ta'afi. Èṣù Arowoje ni mo bá dó jímì tètè núwà. Aṣe.**

Divine Messenger of the Ocean let there be peace in my soul. It is the Divine Messenger of the Ocean that I turn to for good fortune. May it be so.

## ORÍKÌ ÈṢÙ LALU

(Praising the Divine Messenger of the Dance)

**Èṣù Lalu Obembe nijo. Èṣù Lalu logemo Òrun.**

The Divine Messenger of the Dance is a master dancer. Divine Messenger of the Dance is the indulgent child of the Invisible Realm.

*A ki i la'yo la i mu ti Èṣù Lalu kuro. A ki i ṣe ohun rere la i mu ti Èṣù Lalu kuro. Mo juba Èṣù Lalu. Aṣe.*

> To enjoy our abundance it is the Divine Messenger of the Dance we must respect. To hold on to our abundance it is the Divine Messenger of the Dance we must respect. I respect the Divine Mesenger of the Dance. May it be so.

# ORÍKÌ ÈṢÙ PAKUTA SI EWA

(Praising the Divine Messenger who Creates and Destroys Beauty)

*Èṣù Pakuta Si Ewa mà ni kò. Èṣù Pakuta Si Ewa mà ni kò. Èṣù Pakuta Si Ewa má ya kò. Èṣù Pakuta Si Ewa má yà ka nda. Aṣe.*

The Divine Messenger Who Creates and Destroys Beauty is the one who confronts. The Divine Messenger Who Creates and Destroys Beauty is the one who confronts. Divine Messenger Who Creates and Destroys Beauty do not confront me. The Divine Messenger Who Creates and Destroys Beauty has removed all confrontations. May it be so.

# ORÍKÌ ÈS̩Ù K̩EW̩E L̩E DUNJ̩E

(Praising the Divine Messenger Who Eats Sweets)

**Koo ta Ès̩ù K̩ew̩e L̩e Dunj̩e l'or̩e.
Ès̩ù K̩ew̩e kii gb̩e logigo lasan.**

Take a gift to the Divine Messenger Who Eats Sweets. The Divine Messenger Who Eats

Sweets supports nothing for nothing.

***Koo ta Èsù Kewe Le Dunje l'ore. Ase.***

Take a gift to the Divine Messenger Who Eats Sweets. May it be so.

## ORÍKÌ ÈSÙ ELEBARA

(Praising the Divine Messenger of the Warrior)

***La royo aki loyo. Aguro tente lonu. Apa Gunwa. K'a ma sese are'le tunse.***

You see Oyo without going to Oyo. It is the red hat on top of his head that is missing. The prodigal son sits in royal state. If we have an accident, the chief of this house rectifies it.

***Oba mule omo bata. Okolo ofofo. Okolo òni ni. Okolo to ni kan.***

The Chief made a covenant with the child of the shoes. He is the bearer of tales. He is the bearer of money. He is the bearer of that one that is sufficient.

**Ofo omo ro Ogún olona. Alajiki a júbà. Ase.**

The child's incantation appeases the Spirit of Iron, the owner of the road. The one who is greeted by turning, we pay respects. May it be so.

## ORÍKÌ ÈSÙ EMALONA

(Praising the Divine Messenger of Any Means)

**Èsù Emalona o je yeye o. E ma fagbunwa s'ire. Èsù Emalona o ma fe yeye o.**

Divine Messenger of Any Means is no laughing matter. Do not

mock the shrewd one. Divine Messenger of Any Means abhors levity.

***E ma fagbunwa s'ire. E ma foro Èsù Emalona se yeye, se yeye o.***

Do not mock the shrewd one. Do not jeer at anything concerning the Divine Messenger of Any Means. Do not sneer at Him

***E ma fagbunwa s'ire Èsù Emalona o ma fe yeye. Se yeye o. E ma fagunwa s'ire. Ase.***

Do not mock the shrewd one. Divine Messenger of Any Means abhors levity. Do not sneer at Him. Do not mock the shrewd one. May it be so.

# ORÍKÌ ÈSÙ LARÓYE

(Praising the Divine Messenger of the Spirit of the River)

**Èṣù Laróyẹ, K'ẹ́ru ó ba onímímí. Onímímí nf'imu mi Èṣù Laróyẹ nfi.**

Divine Messenger of the Spirit of the River; find a place for this burden on my soul. I salute the Divine Messenger of the Spirit of the River with all my soul.

**Gbogbo ara mi mi ajerẹ. Èṣù ma sẹ mi ọmọ èlomiran ni o sẹ.**

My whole body is blessed. Divine Messenger of the Spirit of the River do not rebuke me.

**'Tori ẹni Èṣù ba nse ki ímọ̀. B'o ba f'ohun tirẹ̀ s'ilẹ. Ohun olóhun ni imáà wá kiri. Aṣẹ.**

The Divine Messenger is the first one that I salute for his deep wisdom. He has the voice of power. He has the voice that roams the universe. May it be so.

# ORÍKÌ ÈSÙ ANANAKI

(Praising the Divine Messenger of the Past) *For Masquerade

*Èsù ma se mi o. Èsù ma se mi o. Èsù ma se mi o.*

Divine Messenger do not trouble me. Divine Messenger do not trouble me. Divine Messenger do not trouble me

*Eni Èsù Ananaki ba sori re ki o ro. Èsù ma se mi o. Egúngún Olomo.*

Those who trouble the Divine Messenger of the Past will not stand. Divine Messenger do not trouble me ancestor masquerader of children.

*Egúngún Olomo. Èsù Ananaki abebi, baba dun sin. Egúngún Olomo.*

Ancestor masquerader of children behold the Divine

Messenger of the Past, the true Spirit reincarnated, the ancestor masquerader of children.

*Egún l'e ri un n. Egúngún l'e ri un. Èsù Ananaki agbo, baba dun n sin.*

Spirit reincarnated. Medium of the Spirit reincarnated. Behold the Divine Messenger of the Past, the true Spirit reincarnated.

*Òrìsà l'e ri un. Ase.*

It is the reincarnation of Spirit. May it be so.

## ORÍKÌ ÈSÙ OKOBURU

(Praising the Divine Enforcer)

*Èsù Okoburu gbe eni s'ebo loore o. Èsù Okoburu gbe e. Eni s'ebo loore o.*

The Divine Enforcer rewards kindness for sacrifice. The

Divine Enforcer rewards him. He rewards kindness for sacrifice.

***Èṣù Okoburu gbe e. Eni s'ebo loore o. Èṣù Okoburu gbe e.***

The Divine Enforcer rewards him. He rewards kindness for sacrifice. The Divine Enforcer rewards him.

***Eni s'ebo loore o. Èṣù Okoburu gbe e. Okunrin kukuru bi ikú.***

He rewards kindness for sacrifice. The Divine Enforcer rewards him. Man who is as quick as death.

***Èṣù Okoburu gbe e. Okunrin gbalaja be ikolun. Akuru maṣe igbe.***

The Divine Enforcer rewards him. Man who is so wide he cannot be rounded up. He is so minute he cannot be picked up.

*Èsù Okoburu gbe e. Olopa Olodumare. Èsù Okoburu gbe e. Eni s'ebo loore o. Èsù Okoburu gbe e. Ko sun nile fogo gi'kun. Èsù Okoburu gbe e.*

The Divine Enforcer rewards him. Enforcer of the Creator, the Divine Enforcer rewards him. He rewards kindness for sacrifice. The Divine Enforcer rewards him. He does justice to sacrifice. The Divine Enforcer rewards him.

*Èsù Okoburu l'o ji ogo ko ko o. Èsù Okoburu gbe e. Eni s'ebo loore o. O bo 'nimi keru o b'onimi. Èsù Okoburu gbe e. O belekun sun l'eru o b'elekun o.*

The Divine Enforcer sleeps with a club. The Divine Enforcer rewards him. He rewards kindness for sacrifice. When he wakes up suddenly his club is not disturbed. The Divine

Enforcer rewards him. Breather with breath that is frightening.

*Elekun nsukun, Laroye nsun ege.*
*Èṣù Okoburu gbe e. Èṣù Okoburu s'ebo l'ore o. Èṣù Okoburu gbe e. Èṣù Okoburu lo da oko Onilu o. Èṣù Okoburu dakẹ Onilu reberbe. Aṣe.*

Weeper with tears that are frightening. The Divine Enforcer rewards him. The Divine Enforcer does justice for sacrifice. The Divine Enforcer rewards him. The Divine Enforcer skillful circumciser of the Drummer. The Divine Enforcer is the skilled circumciser of the Drummer. May it be so.

## ORÍKÌ ÈṢÙ ÒDÀRÀ

(Praising the Divine Messenger of Transformation)

*Èsù, Èsù Òdàrà, Èsù, lanlu ogirioko. Okunrin orí ita, a jo langa langa lalu.*

> Divine Messenger, Divine Messenger of Transformation, Divine Messenger speaks with power. Man of the crossroads, dance to the drum.

*A rin lanja lanja lalu. Ode ibi ija de mole. Ija ni otaru ba d'ele ife.*

> Tickle the toe of the Drum. Move beyond strife. Strife is contrary to the Spirits of the Invisible Realm.

*To fi de omo won. Oro Èsù, to to to akoni. Ao fi ida re lale.*

> Unite the unsteady feet of weaning children. The word of the Divine Messenger is always respected. We shall use your sword to touch the earth.

*Èsù, ma se mi o. Èsù, ma se mi o. Èsù, ma se mi o.*

Divine Messenger do not confuse me. Divine Messenger do not confuse me. Divine Messenger do not confuse me.

**Omo elomiran ni ko lo se. Pa ado asubi da. No ado asure si wa. Ase.**

Let someone else be confused. Turn my suffering around. Give me the blessing of the calabash. May it be so.

## ORÍKÌ ÈSÙ ÒDÀRÀ

(The Divine Messenger of Transformation)

**Èsù ota Òrìsà, Òséturà lorúko baba mò ó.**

The Divine Messenger of Transformation the cornerstone of the Immortals, the Holy Odu Osetura is the name by which the fathers know you.

*Alágogo ijà lórúko̱ iya npè é, Ès̱ù Odara o̱mo̱kùnrin ido̱lòfin,*

Owner -of- the- bell -of trouble- is the name by which the mothers know you. The Divine Messenger of Transformation, the man of Idolofin,

*Ó lé s̱óns̱ó sórí e̱s̱è e̱lés̱è. Kò je̱, kò si jé̱ kí e̱ni nje̱, gb'e mi.*

He perches on top of another's foot, He would not eat, he would not let him who eats digest their food.

*A ki í lówó lái mú tÈs̱ù kúrò. A ki láyo lái mú tÈs̱ù kúrò.*

One does not become rich without first setting aside the Divine Messenger of Transformation's share. No one attains happiness without first giving the Divine Messenger of Transformation His share.

*A sò̱ tún - s̱osì lái nítijú. Ès̱ùapata só̱mo̱ o̱lómo̱ lé̱nu. Ó fi òkúta dípò*

*iyò . . . Èṣù má ṣe mí, omọ elòmíràn ni kí o ṣe. Aṣe.*

He belongs to opposing camps without having any feeling of shame, the Divine Messenger, He who pushes the innocent to offend others, He substitutes rock for salt . . . Divine Messenger do not tempt me, it is someone else's child that you should tempt. May it be so.

## ORÍKÌ ÈṢÙ ÒDÀRÀ

(The Divine Messenger of Transformation)

***Iba ooooooo. Mo juba okó tó dorí kodo tí ò ro. Mo juba èlè tó dorí kodò tí ò sàn.***

I pay homage. I salute the penis that droops downward without dripping; I pay homage to the vagina that opens downward with out flowing.

*Mo ríbàa pélébé owó. Mo ríbàa pélébé esè. Mo ríbà àtélesè tí ò hurun tó fi dé jogbolo itan.*

I salute the flatness of the hand. I salute the flatness of the feet. I salute the leg, hairless from the sole of the foot to the thick of the thigh.

*Mo ríbà iyaami Òsòròngà; Afínjú àdàbà tí í je láàrin àsá. Afínjú eye tí í je ni gbangba oko. Iba Esù Odara. Ase.*

I salute the Immortal Mothers, the scrupulously neat dove that feeds among the hawks. The scrupulously neat bird that feeds in the open farmland. I salute the Divine Messenger of Transformation. May it be so.

# ORÍKÌ ÈSÙ ÒDÀRÀ

(The Divine Messenger of Transformation)

*Akaribiti, Awo ile Onika, Ejo langba langba ni nfi gbo̲ro̲ro̲ ni imo̲ran O̲lo̲fin.*

Akaribiti the awo of Onika, danced with the Immortals in the Realm of the Ancestors.

*Da Orunmila, Baba nlo s'ode̲, Aiye ni ko ni de, Baba ni On je̲ elegede On a de, Baba ni On je̲ do̲bo̲ro̲ On a bo̲, O ni se̲ On Barapetu. O ni se̲ On mo̲ E̲sù Odadara. O ni ko tun si ohun ti nda awo lona. As̲e.*

Cast Ifa for the Spirit of Destiny on the day that he was making the journey from Heaven to Earth. It was the Divine Messenger of Transformation who opened the way. May it be so.

## ORUKO ÈS̲Ù ÒDÀRÀ OLOPA

# OLODUMARE ENITI NSO ITE MIMO

(Invocation for the Divine Messenger of Transformation to take prayers to the Creator)

***Iba E̩su Odara, lalu okiri oko. Agbani wa oran ba ori da.***

I respect the Divine Messenger of Transformation, Strongman of the Drum. One who causes consciousness to transform.

***Osan sokoto penpe ti nse onibode Olorun. O̩ba ni ile ketu.***

The snake that throws stones outside of Heaven. Chief who lives in the house of Ketu.

***Alakesi e̩me̩re̩n ajiejie mogun. Atunwa̩se ibini. E̩le̩kun nsunju laroye nse̩je. Asebidare. Asare de̩bi. E̩legberin ogo agongo. Ogo̩jo̩ oni kumo ni kondoro. Alamulamu bata.***

We call you by your names of power.

***Okunrin kukuru kukuru kukuru ti. Mba won kehin oja ojo ale.***

Man of the great fog. You guide us to face the light.

***Okunrin dede de be Orun eba ona. Iba to-to-to. Ase.***

Man who opens the road from Heaven. I will respect you always. May it be so.

# OFO ASE ÈSÙ

(Praise Names of the Divine Messenger)

***Èsù, ògá nílùú.***

The Divine Messenger, the powerful one of the city.

***Atóbájayé, eleso oògùn.***

One who is sufficient support in life, who has medicinal fruits.

***Oti - balùwè̩ - gun - e̩sin - wo̩lé.***

One who rides on horseback from the bathroom to the inner room.

***Otili lóògùn.***

One who has very powerful medicine.

***Alágada è̩ye̩.***

One who carries a sword.

***Oroko - ni - o̩jo - e̩bo - le.***

One who runs away when the sacrifice is not accepted.

***Tabìrìgbo̩ngbò̩ón; abónijà - wá - kúmò̩.***

The staggering one finds a big club for those who quarrel.

***Ò nlo̩ nínú e̩pa, ípàkó̩ rè̩ nhàn fírífírí, o̩pé̩lo̩pé̩ pé o̩mó̩ ga.***

He walks in a groundnut farm and his head is visible only because he is very tall.

**Èṣù, òlàfé, aseni - báni dáró.**

The Divine Messenger, the whistler, one who harms us and sympathizes with us.

**Agongo ogo.**

He carries a club.

**Alajìki.**

Spirit that is Addressed First.

**Amónisẹ̀gùn - mápò.**

He has all the Knowledge of Powerful Medicine.

**Bara.**

Strength.

**Elẹ́gbà.**

Spirit of good character.

**Elẹ́gára.**

Spirit of the trickster.

**Olọ́fín - àpèká - lúù.**

Enforcer of the law giver.

# ORÍKÌ ÒSÓÒSÌ

*ORÍKÌ <u>ÒSÓÒSÌ</u>* are used to invoke what is commonly called the Spirit of the Tracker. <u>ÒSÓÒSÌ</u> from the elision <u>ÒSÓ ÒSÌ</u> means astral travel to the left. Astral travel is the ability to detach our field of visual perception from our physical bodies. The process of astral travel is facilited by work with the spirit of a bird. To astral travel to the left means the purpose of the projection is for invoking protection. At times this protection is a consequence of warfare and at times the protection is a consequence of dealing with the natural challenges a hunter faces in the rain forest.

# ORÍKÌ ÒSÓÒSÌ OKUNRIN

(Praising the Male Spirit of the Tracker)

***Olog arare, agbani nijo to buru, Òrìsà ipapo adun, koko ma panige,***

Master of himself, Wise one who gives blessings, Spirit of sweat togetherness. Divination guides the hunter,

***Ode olorore, Obalogara bata ma ro. Ase.***

Hunter of abundance, the chief tracker always overcomes fear. May it be so.

# ORÍKÌ ÒSÓÒSÌ OKUNRIN

(Praising the Male Spirit of the Tracker)

*Àrà l'èmí n fÒsóòsi dá. Àrà nì n fÒsóòsi dá.*

Invocations are my stock in trade with the Spirit of the Tracker. Invocations are the stock in trade of the Spirit of the Tracker.

*Gbogbo isòwò ibi mo b'ode dé rèé o. Àrà nì n fÒsóòsi dá. Ase.*

All you fellow hunters, this is how far I have come with hunting. Invocations are the stock in trade of the Spirit of the Tracker. May it be so.

# *ORÍKÌ ÒSÓÒSÌ OBINRIN*

(Praising the Female Spirit of the Tracker)

*Òsóòsì ode mata. Ode ata matase. Onibebe a júbà. Ase.*

> Left handed magician that hunters do not shoot. The hunter shoots without missing. The owner of the riverbank we thank you. May it be so.

# *ORÍKÌ ÒSÓÒSÌ OBINRIN*

(Praising the Female Spirit of the Tracker)

*Osolikere, Asa la ko gbo ogùn, Odide mataode. Odide gan fi di ja. Ase.*

> Magician of the forest, the hawk that collects the medicine,

spotted parrot, parrot of twenty spots, parrot who guides me beyond fear. May it be so.

**Ode ata matase, agbani nijo to buru, Oni odide gan fi di ja, a juba. Ase.**

Hunter who never misses, Wise Spirit who offers many blessings, Owner of the parrot that guides me to overcome fear, I salute you. May it be so?

## OFO ASE ÒSÓÒSÌ

(Praise Names for the Spirit of the Tracker)

**Ata - mátàsé.**

The Sharp Shooter.

**Olog arare.**

Master of Himself.

**Òrìsà ipapo adun.**

Spirit of Sweat Togetherness.

# ORÍKÌ ÒGÚN

*ORÍKÌ ÒGÚN* are invocatioins for the Spirit of Iron. In traditional Yoruba culture the Spirit of Iron is associated with the art of the blacksmith, as well as hunting, and the protection of the community.

# ORÍKÌ ÒGÚN

(Praising the Spirit of Iron)

**Ògún Awo, Onile kangun kangun Òrun. O lomi nil fe̩je̩ we̩ olaso nle̩ fi.**

The Mystery of the Spirit of Iron, The Spirit of Iron has many homes in the Realm of the Ancestors. The water of the Realm of the Ancestors surrounds us, it is our abundance.

**Imo̩ kimo'bora, è̩gbé̩ le̩hin a nle̩ a benbe̩ olobe̩. As̩e.**

Wisdom of the Warrior Spirit, come guide my Spiritual

Journey with a strong hand. May it be so.

# ORÍKÌ ÒGÚN

(Praising the Spirit of Iron)

**Ba san ba pon ao lana to. Bi obi ba pon ao lana to. B'orogbo ba pon ao lana to.**

> Cut down the obstacles on the road. When the cola nut is ripe it opens the road. When the bitter cola is bitter it opens the road.

**B'yay yay ba pon ao lana to. B'eyin ba pon ao lana to. Da fun Ògún awo.**

> When the fruit is ripe it opens the road. When the palm fruit is ripe it opens the road. The

Spirit of Iron gives you his secret.

*Ni jo ti ma lana lati ode. Òrun wa si is salu aiye. Fun ire eda. A<u>se</u>.*

Dancing outside opens the road. Heaven comes to earth. For the benefit of all people. May it be so.

## ORÍKÌ ÒGÚN

(Praising the Spirit of Iron)

*Ògún <u>o</u>kúnrin ogun ató polówó ikú. <u>E</u>ni tíí s<u>omo</u> éniyan d<u>oló</u>lá.*

Spirit of Iron, the powerful one, sufficiently great to avert death. The Spirit makes humans prosperous.

*<u>E</u>ni Ògún kò gbè bi <u>e</u>ni tí ko róbì s<u>ebo</u>. Gbigbé ni o gbè mi bí o ti gbe Akin<u>òrò</u> ti ó fi k<u>ó</u>lé <u>o</u>lá.*

One who is not enriched by the Spirit of Iron will find it difficult to get sacrificial kola - nuts.

Spirit of Iron enriches me as you enriched Akinòrò and made him an eminent man.

*Ògún àwóò, aláká ayé, Òsanyin imolè. Ègbè léhin eni a ndá lóró. Ògún gbé mi o. Ase.*

Spirit of Iron, the powerful one, the strong one of the Earth, the great one of the other world. The protector of those being injured. Spirit of Iron support me. May it be so.

## ORÍKÌ ÒGÚN ALÁRÁ

(Praising the Spirit of Iron, Chief of Alárá)

*Ògún Alárá oni'ré ni je ajá. O pa si'le pa s'oko. Láká aiye Ògún Alárá kò laso.*

The Spirit of Iron, Chief of Alárá, the owner of good fortune eats dog. He kills in the house and he kills on the farm. He covers the world, but the Spirit of Iron, Chief of Alárá has no cloth.

***Moriwò l'aso Ògún Alárá. Irè kìí se il̲e Ògún Alárá. E̲mu ló yà mu ni'b̲e. As̲e.***

Palm frond is the cloth of the Spirit of Iron, Chief of Alárá. Good fortune is not the home of the Spirit of Iron. He just stopped there to drink Palm wine. May it be so.

# ORÍKÌ ÒGÚN ONÍRÈ

(Praising the Spirit of Iron, Chief of Onírè)

***Ògún Onírè o. Ògún Onírè oni'rè. Òkè n'al kìl̲énhin ìrè,***

Hail the Spirit of Iron, Chief of Onírè. Spirit of Iron, Chief of Onírè guardian of good fortune.

The great mount that stands behind good fortune,

**A - kó okolóko - gbḗru-gbḗru. Ògún Onírè pa sotúnun. Ó b'òtún je̱.**

You have ravaged other people's farms. The Spirit of Iron, Chief of Onírè, killed on the right. The right was totally destroyed.

**Ògún Onírè pa sosi. Ó bòsì je̱. Osin imolé̱, Onílé̱ kangun - kangun òde̱ Ò̱run,**

The Spirit of Iron, Chief of Onírè, killed on the left. The left was totally destroyed. Chief of the Immortals, The owner of many houses in the Realm of the Ancestors,

**Ògún Onírè onílé̱ owó o̱ló̱nà o̱là, O lomi sile fèjè̱ we̱. Ògún Onírè a - wón - lé yin - ojú.**

The Spirit of Iron, Chief of Onírè, owns the store of gold and the path to wealth. He has water at home but prefers to bathe in blood. Spirit of Iron, Chief of Onírè, whose eyeballs are terrible to behold.

*Ègbé léhin omo òrukan, Ògún Onírè o. Ase.*

He gives support to the orphans, Hail to the Spirit of Iron, Chief of Onírè. May it be so.

## ORÍKÌ ÒGÚN ÌKÒLÉ

(Praising the Spirit of Iron from Ìkòlé)

*Ògún Ìkòlé a je'gbin, Ògún Ìkòlé ni jo ti ma lana lati ode.*

Spirit of Iron from Ìkòlé who eats snails, Spirit of Iron from Ìkòlé dances outside to open the road.

*Ògún Ìkòlé oni're onile kángun - kángun òde Òrun ègbé l'ehin,*

Spirit of Iron from Ìkọ̀lé owner of good fortune, owner of many houses in the Realm of the Ancestors, help those who journey,

**Ògún Ìkọ̀lé, Olumaki alaṣe a júbà. Aṣe.**

Spirit of Iron from Ìkòlé, Chief of Strength, the owner of strength, I salute you. May it be so.

## ORÍKÌ ÒGÚN ELẸ́MONA

(The Spirit of Iron from Elẹ́mona)

**Ògún Elẹ́mona na ka nilẹ́. Ògún Elẹ́mona kobokobo, alagere ọwọ,**

The Spirit of Iron from Elẹ́mona points his finger from his home. The Spirit of Iron from Elẹ́mona, the whipper, the owner of money,

**Ògún Elémona fin malu. O gbe leyin. A nda loro eku fe'ju. Tani wa ra guru?**

> The Spirit of Iron from Elémona carved the cow. He carved the back. We are making him suffer; the leopard opens its eyes wide. Who comes to buy a waistband of charms?

**Osibiriki, alase a júbà. Ase.**

> He bursts out suddenly. The owner of power, we give you thanks. May it be so.

## ORÍKÌ ÒGÚN AKÌRUN

(Praising the Spirit of Iron from Akìrun)

**Ojó Ògún Akìrun, Sí lo, Sí lo, Sí lo, ni ma se aiyé. Ipé npé jú a si kùn fé fún.**

On the day the Spirit of Iron from Akìrun is angry, there is always disaster in the world. The eyelashes are full of water.

***Òtòpàkó a sí kùn fé jè̱. Paranganda ní dà fómo ódó. Abiri, abihun à simu Òrìsà.***

Tears stream down the face. A bludgeoning by the Spirit of Iron causes a person's downfall. I see and hear, I fear and respect the Immortals.

***Mo rí fààjì re̱. Ase̱.***

I have seen your merriment. May it be so.

## ORÍKÌ ÒGÚN - ÙN

(The Spirit of Iron Who Protects Woodcarvers)

***Ògún - ùn ko̱làà òun ní í jè̱bín - ín. Ògún - ùn mi, nlé.***

The Spirit of Iron Who Protects Woodcarvers eats snails. The

Spirit of Iron Who Protects Woodcarvers I greet you.

***B'ó ti n f'ikan sánko. Ògún - ùn l'èmí í sìn ìn, igi lásán l'ará - oko n bo.***

He has two sharp swords, sharp as fire. It is the Spirit of Iron Who Protects Woodcarvers that I worship, but the fools worship mere trees.

***Ògún - ùn aládàáméji t'ó mú bí iná. Ase.***

The Spirit of Iron Who Protects Woodcarvers is worthy of respect. May it be so.

## ORÍKÌ ÒGÚN OLOOLA

(Praising the Spirit of Iron, Guardian of Circumcisers)

***Ògún Oloola ikola a je'gbin. Apòòsàmá - p Ògún ara'è l'ó tanife,***

*Ó dá m 'lógú gbangba. Ní' ón - ón p'Ògún Oloola ó l'awon l'ónà - odò. Ìbà Ògún Oloola osin imolè. Ase.*

The Spirit of Iron, Guardian of Circumcisers, eats snails. Anyone who, while shouting praises to the Immortals, omits the Spirit of Iron is certainly wallowing in self - deceit, I am sure of this. Only the unwise stop learning as children. Ask the Spirit of Iron to drive them back to the river. The Spirit of Iron, Guardian of Circumcisers is worthy of Respect. May it be so.

## ORÍKÌ ÒGÚN ONÍGBÀJÁMÒ

(Praising the Spirit of Iron, Guardian of Barbers)

*Ògún onígbàjámò, Ení bá m'Ògun k'ó ma f'Ògun siré o. Ase.*

Spirit of Iron, Guardian of Barbers, whoever knows the Spirit of Iron, does not mock the Spirit of Iron. May it be so.

## OFO ASE ÒGÚN

(Praise Names for the Spirit of Iron)

**Ògún láká ayé, òsìnmolè.**

Spirit of Iron, the powerful one of the earth, great one of the other world.

**Ògún àwóò alúkúmákin Ajàgbodorigi.**

Spirit of Iron is powerful.

**Ògún laka gbáà,ató - polowó - ikú.**

Spirit of Iron the extremely powerful one, one great enough to advertise death.

**Kókò odò tíí rú minmini.**

The river coco yam remains ever fresh and green.

***Akèrò máyà.***

>One who meets people on the road and refuses to give way.

***Atóónàlórógùn.***

>Hefty Hunter.

***Àwàlàwúlú.***

>Rugged and Rough Spirit.

***Àwọ̀nyè Òrìṣà.***

>The Enraged Spirit.

***Lákáyé.***

>Chief of the Earth.

***Olú irin.***

>Chief of Iron.

***Olumaki.***

>Chief of Strength.

***Oni're.***

>Chief of the Town of Ire.

***Oṣibiriki.***

The one who bursts out suddenly.

**Òsìn Imolẹ.**

Chief of Spirits.

**Olọna.**

Owner of the Road.

**Òsìn Imọlè.**

First Among the Immortals.

# IDI EBO

(Placement of the offering)

**Idi Esu;** At the base of The Divine Messengers shrine.

**Orita meta;** At the crossroads (taken by *Oro*).

**Egbe ọna;** By the side of the road (taken by *Orisa*).

**Inu oko;** Inside the farm (taken by *Orisa*).

**Ehinkunle**; In the backyard (taken by *Orisa*).

**Ehin bode**; At the entrance gate (taken by *Orisa*).

**Idi 'roko**; At the base of the iroko tree (taken by *egun*)

**Idi oriro**; At the base of the Oriro tree (taken by *Orogi*).

**Idi'reye**; At the base of the Ireye tree (taken by *Orisa*).

# ORÍKÌ OBÀTÁLÁ

*ORÍKÌ OBÀTÁLÁ are* the invocations for the Spirit commonly known as the Spirit of White Cloth. OBÀTÁLÁ from the elision OBÀ ITÁ ALÁ meaning Chief at the Crossroads of Light. This is a reference to the portal between earth and the realm of the Imortals. OBÀTÁLÁ has the function of guiding divination, settling disputes and provides a clear role model for the development of good character.

# ORÍKÌ ỌBÀTÁLÁ

(Praising the Chief of the White Cloth)

*Ọbanla o rin n'ẹrù ojikùtù s'èrù.*

> Chief of the White Cloth never fears the coming of Death.

*Ọba n'ile Ifọ́n alábalàsẹ ọba patapata n'ile ìrànjé.*

> Father of Heaven forever rule for all generations.

*O yọ́ kẹlẹkẹlẹ o ta mi l'ọrẹ. O gbà á gìrí l'ọwọ ọsikà.*

> He disolves the burdens of my friends. Give me the power to manifest abundance.

*O fi l'emi asọtọ l'ọwọ. Ọba igbò oluwaiye rè é o kéè bi òwu là.*

> Expose the Mystery of Abundance. Father of the sacred grove, owner of all blessings increase my wisdom.

*O yi 'àála. Osùn l'àála o fi koko àála rumo. Oba igbò. Ase.*

I become like the White Cloth. Protector of White Cloth I salute you. You are the Father of the sacred grove. May it be so.

## ORÍKÌ OBÀTÁLÁ

(Praising the Chief of the White Cloth)

*Ení sojú semú. Òrìsà ni ma sìn. A - dá - ni bóit rí. Òrìsà ni ma sin.*

He makes eyes and noses. It is the Spirit of Light that I shall serve. He creates as he chooses. It is the Spirit of Light that I shall serve.

*Ení rán mi wá. Òrìsà ni ma sin. Ase.*

He sends me here. It is the Spirit of Light that I shall serve. May it be so.

# ORÍKÌ OBÀTÁLÁ

(Praising the Chief of the White Cloth)

*Aji wá 'gun ka ìlú on nikan soso. Jagidi-jagan Òrìsà ti i ko'lé s'arin igbe.*

> He wakes up early to drive his wagon around the town by himself. Turbulent Spirit of Light who builds his house in the midst of the jungle.

*Alo'kú-lowo gba omo re sile. Ko je fi oriki to o dùn fun eru je.*

> He twists death's hand to resue his child. He never gives praise to any servant.

*Orí l'onise aboki ara ejigbo. Ase.*

> The head is the bestower the friend of the people of *Ejigbo*. May it be so.

# ORÍKÌ OBÀTÁLÁ

(Praising the Chief of the White Cloth)

*Bàntà-banta n'nu àlà, ó sùn n'nú àlà. Ó jín'nu àlà. Ba nlá oko Yemòwó,*

Immense in white robes, He sleeps in white cloths. He awakens in white cloths. Venerable father, Yemowo's consort,

*Òrìṣà wù mí ní bùdó. Ibi re l'Òrìṣà kalẹ̀. Aṣe.*

Spirit of Light delights me as he is in state. It is a delectable place where the Spirit of Light is enthroned. May it be so.

# ORÍKÌ ỌBÀTÁLÁ

(Praising the Chief of the White Cloth)

***Ikú tí iba ni ígbale folá ran ni.
Alás̩e os s̩o e̩nikans̩os̩o digba eniyan.***

> The powerful one dwells with a person and makes them prosperous. The head chief can multiply one into two hundred people.

***S̩o̩ mí dìrún, s̩o̩ mi digba. S̩o̩ mi dò̩tà - lé - l égbèje eniyan. As̩e.***

> Multiply me into four hundred, multiply me into two hundred. Multiply me into one thousand four hundred and sixty people. May it be so.

# ORÍKÌ O̩BÀTÁLÁ

(Praising the Chief of White Cloth)

*Iba Ọbatala, Iba Ọba Igbo, Iba Ọba, N'le ifon, O fi koko ala rumo.*

> Praise to the Chief of the White Cloth, Praise to the Chief of the sacred grove, Praise to the Chief of Heaven, I salute the Owner of White Cloth.

*Òrìṣà ni ma sin. Òrìṣà ni ma sin. Òrìṣà ni ma sin.*

> It is the Owner of White Light that I serve. It is the Owner of White Light that I serve. It is the Owner of White Light that I serve.

*Ọbatala o su n'nu àlà. Ọbatala o ji n'nu àlà. Ọbatala o tinu ala dide.*

> Chief of the White Cloth sleeps in white. Chief of the White Cloth awakes in white. Chief of the White Cloth gets up in white.

*A-di-ni boit ri, Mo juba. A__se__.*

He who creates at will, I give respect. May it be so.

# ORÍKÌ **O**BÀTÁLÁ

(Praising the Chief of White Cloth)

*Iba **O**ri__sa__la o__se__r__e__ igbo, iku ike **o**r**o**.*

I respect the Spirit of White Light, the Messenger who brings goodness to theforest, and power that overcomes death.

*Ababa je'gbin, a s'**o**m**o** nike agbara, a wuwo bi erin, **O**ba pata - pata ti nba won gb' **o**d__e__ iranj__e__. A__se__.*

Immortal Father who eats snails, child of the Ancient Ones, bringer of the Mystery of Mystic Vision, Chief of all things that exist in the World. May it be so.

# ORÍKÌ OBÀTÁLÁ

(Praising the Chief of White Cloth)

**A dake sirisiri da eni li ejo. Oba bi ojo gbogbo bi odun**

> Spirit is the strong chief of *Ejigbo*. At the trial a silent, tranquil judge

**Ala, ala. Niki, niki Oni panpe ode orun**

> The Chief makes every day a feast, Owner of the brilliant white cloth,

**O duro lehin o so tito, Oro oko abuke,**

> Owner of the chain to the court, He stands behind persons who tell the truth

**Osagiyan jagun o fi irungbon se pepe enu, A ji da igba asa**

Protector of the handicapped, *Osagiyan* warrior with a handsome beard

**Ti te opa osoro, Orisa Olu Ifon.**

He wakes up to create two hundred civilizing customs, Chief of Ifon.

**Lasiko fun mi li ala mun mi ala mu so ko.**

Oshanla grant me a white cloth of my own.

**Ose ohun gbogbo ni funfun ni funfun. Pirlodi aka ti oke.**

Spirit makes things white. Spirit is as tall as a granary, tall as a hill.

**Ajaguna wa gba mi, O Ajaguna. Ti nte opa oje. Ase.**

Ajagun deliver me. The Chief leans on a white - metal staff. May it be so.

# ORÍKÌ ỌBÀTÁLÁ

(Praising the Chief of White Cloth)

*Aláàbáláàṣe, ata - ta - bí - `akún, Orìṣà sọ mi di ẹni iyi, sọ mi di ẹni èyẹ.*

> One who gives suggestions and also gives commands. One who is very powerful. Spirit make me an honorable person.

*Ọbàtálá má fiké pọ́n mi; ọmọ nio fi fún mi. Aṣe.*

> Chief of the White Cloth, don't put a hump on my back; it is a child you should give me to carry on my back. May it be so.

# ORÍKÌ ỌBÀTÁLÁ

(Praising the Chief of White Cloth, invoking the power of the word)

*Iwen ti iya ko ola, a ji nte ibi.*
*A<u>se</u>.*

> Word that transforms grief into joy, word that gets up early and stamps the ground, right here. May it be so.

## <u>O</u>FO A<u>SE</u> <u>O</u>BÀTÁLÁ

(Praise names for the Chief of the White Cloth)

*<u>O</u>bàtálá, Obàtarisà, Oba pátápátá tíí b'w<u>o</u>n Òde Irànj<u>é</u>.*

> Chief of the White Cloth, Chief of the Immortals, the fierce Chief of the Immortals, who lives with them in Irange.

*Òri<u>s</u>àálá Ògirigbànigbò, aláyè tí w<u>ó</u>n nfi ayé fun.*

> Spirit of White Light, the Great One Who Owns the World and from this Spirit the control of the world must be assigned.

*Òbòm<u>o</u> - bòrò - kal<u>è</u>.*

One who peels off the skin of people.

**Ayinmo - niké, adá - won - láro.**

One who twists the hunchback and also creates those who are lame.

**Obàtálá Obàtìsà, Òrìsà aláse igàn baba oyin.**

Chief of the White Cloth, Chief of all the Immortals, the Spirit with authority as precious as pure honey.

**Orèrè yèlú àgàn wò.**

The Immortal who gives children to those who are barren.

**Atú - won - ká - nib - i - tí wón - gbé - ndáná - iró.**

Spirit scatters those who are conspiring to do destructive things.

**Orìsà Ogiyán, aja - gbóna ajà - gbòna, okiki irùngbòn.**

The fearsome Warrior wears a bushy beard.

*Adá - w<u>o</u>n - lápá, a - dá - w<u>o</u>n - lár<u>o</u>.*

The one who breaks peoples arms and makes them lame.

*O jagun jagun figbòn w<u>o</u>d<u>ó</u>.*

The Warrior enters a river throwing batons.

*Àbùdí Olúkànb<u>é</u>.*

The Immortal has inexhaustible strength.

*O fágádá fà wón w<u>o</u>d<u>ó</u>.*

The Spirit drags his enemies into a river with a rope.

*Abojú - bonígbèsè - l <u>é</u>rù.*

The Immortal terrifies the debtor.

*Àjànàkú, òdùgbangudu.*

The Immortal who as massive as an elephant.

**Òjagim jagun - pògbòn - wodò.**

Spirit fights until he enters a river carrying a baton on his back.

**Albisòkòtò - gbósú - méfà - nílé - aláró.**

Spirit allows his trousers to remian in the dye for six months.

**Alájogún òkiki, ariwo kò polà.**

An inheritor of reputation and great fame is not distracted from his authority.

**Aró - gbájágbájá - kò - lóna; Oni eni tí ó bá lé jà kó wá jókòó.**

One who is prepared to meet force with force and who challenges anyone who wishes to fight to come forward.

**A - kè - bí - àlà.**

Radiant White.

**Alábale_se_.**

He Who Predicts the Future.

**Alamorere.**

Owner of the Best Clay.

**Oluorogbo.**

Chief of the Medicine of Truth.

**Oluwo Igbo.**

Chief Diviner of the Forest.

**Òò_s_áálá.**

Spirit of Mystic Vision.


**Òò_s_à Ìgbowújìn.**

The Spirit who lives in the Distant Forest.

**Òrì_s_à Ala_se_.**

Spirit with the Power of Dreams.

**Òrí_s_álá.**

Spirit who Creates Light.

**Òrìsà - og'enia.**

The Spirit who Owns Humans.

**Oba - igbó.**

Chief of the Forest.

**Obalofun.**

Chief of Pure Speech.

**Obanla.**

Chief of Purity.

**Obàtálá gbingbin iki.**

The Big Big Spirit of the Chief of the White Cloth.

**Oba - ti - álá.**

Chief of Vision.

**Òsèèrèmògbò.**

Source of Good Things from the Forest.

**Pàkelemò.** The Calabash of Wisdom.

# ORÍKÌ

# OLOKUN

*ORÍKÌ OLOKUN* are used for invoking the Spirit of the Ocean. *OLOKUN* from the elision *OLO OKUN* literally means the Spirit of the Ocean. The Ocean is the source of abundance on Earth because all life comes from the Ocean. The Ocean is also a place of healing to nurture grief and transform emotional wounding.

# ORÍKÌ OLOKUN

(Praising the Spirit of the Ocean)

*Iba Olókun, iba'ge Olojo Oni, a dupe o. A dupe Òrúnmìlà,*

> Praise to the Spirit of the Ocean, praise to the Owner of the Day, I thank you. I thank the Spirit of Destiny,

*Elerin ipin ibi keje Olodumare. Èsù pèlé o. Olókun pèlé o.*

> The Witness to Creation is second to the Mother of Creation. Divine Messenger I greet you. Spirit of the Ocean I greet you.

*Olókun mo pe o, Olókun mo pe o, Olókun mo pe o. Ni ígba meta.*

> Spirit of the Ocean I call you, Spirit of the Ocean I call you,

Spirit of the Ocean I call you. I call you three times.

***Okuta la pe mo se je, eti'g bure obi ri kiti. Ni'ka le,***

> It is the stone that breaks suddenly, without bleeding, the one who brings good tidings. The ageless one,

***Olókun pè̱lé̱ o. Olókun fe mi lo're, mo dupe.***

> Spirit of the Ocean I greet you. Spirit of the Endless Bottomless Ocean, we thank you.

***Oló kun fun me lo mo, mo dupe.
Oló kun fun me lo'mo, mo dupe.***

> Spirit of the Ocean give us guidance, we thank you. Spirit of the Ocean give us children, we thank you.

***Oló kun fun me la lafia, mo dupe.
Oro ti a̱s̱e̱ fun Olókun ni awo̱n o̱mo̱ re wa s̱e fun oyi o.***

Spirit of the Ocean give us health, we thank you. The power of transformation brought by the ritual for the Spirit of the Ocean is beyond understanding.

**Oló kun iba se, Olókun iba se, Olókun iba se o.**

Respect to the Spirit of the Ocean, respect to the Spirit of the Ocean, respect to the Spirit of the Ocean.

**Olókun nuaa jeke awon o'iku. Ma ja kiki wa Orun. Olókun ba me.**

Spirit of the Ocean protect us from diease and death. Praise to the power of Heaven. Spirit of the Ocean save me.

**Nu ni o si o ki e lu re ye toray. B'omi ta 'afi a row pon ase ase ase'se o.**

I shall worship you for as long as there is an ocean. Let there be peace in the waters that bring the power of the Spirit. May it be so.

## ORÍKÌ OLOKUN

(Praising the Spirit of the Ocean)

*Malókun bu owo wa, jími tètè núwà o. Oba omí ju Oba òkè.*

Spirit of the Ocean, please give me abundance so that I may become wealthy quickly. The Spirit of the Ocean is greater than the chief of the land.

*Malókun ni mo bá dá jími tètè núwà o. Oba omi ju Oba òkè. Ase.*

It is the Spirit of the Ocean that I turn to for abundance. The Spirit of the Ocean is greater than the chief of the land. May it be so.

## ORÍKÌ OLOKUN

(Praising the Spirit of the Ocean)

***Iba Olókun fe mi lo're. Iba Olókun omo re wa se fun oyi o.***

I praise the Spirit of the vast Ocean. I praise the Spirit of the Ocean who is beyond understanding.

***Olókun nu ni o si o ki e lu re ye toray. B'omí ta 'afi. B'emi ta'afi.***

Spirit of the Ocean, I will worship you as long as there is water in the Sea. Let there be peace in the ocean. Let there be peace in my soul.

***Olókun ni 'ka le, mo juba. Ase.***

The Spirit of the Ocean, the ageless one, I give respect. May it be so.

# OFO ASE OLÓKUN

(Praise names for the Spirit of the Ocean)

**Àjíbáajé.**

The Spirit Who Wakes up to Discover Money.

**Ọba Omi.**

Chief of the Waters.

# ORÍKÌ YEMOJA

ORÍKÌ YEMOJA are invocations used to invoke the Goddess of the *Ogun* River. YEMOJA from the elision YEYE MO OJA means Mother of the Fishes. This is a reference to the idea of fertility in Nature. In the West YEMOJA is associated with the Ocean and the Middle Crossing.

# ORÍKÌ YEMOJA

(Praising the Spirit of the Mother of Fishes)

***Agbe ni igbe're ki Yemoja Ibikeji odo. Aluko ni igbe're k'lose, ibikeji odo.***

> It is the bird that takes good fortune to the Spirit of the Mother of Fishes, the Goddess of the Sea. It is the bird Aluko the takes good fortune to the Spirit of the Lagoon, the assistant to the Goddess of the Sea.

***Ogbo odidere i igbe're k'oniwo. Omo at'Orun gbe'gba aje ka'ri w'aiye.***

> It is the parrot that takes good fortune to the chief of Iwo. It is children who bring good fortune from Heaven to Earth.

*Olugbe-rere ko, Olugbe-rere ko, Olugbe-rere ko. Gbe rere ko ni olugbe-rere. A<u>se</u>.*

> The Great One who gives good things, the Great One who gives good things, the Great One who gives good things. Give me good things from the Great One who gives good things. May it be so.

# ORÍKÌ YEM<u>O</u>JA

(Praising the Spirit of the Mother of Fishes)

*Yem<u>o</u>ja olodo, yeye mi Yem<u>o</u>ja ore yeye o.*

> Spirit of the Mother of the Fishes, owner of the river. My mother, Spirit of the Mother of the Fishes, or nurturing mother.

*Emiti ibí gbogbo Imólè, yeye mi Awayo, Yem<u>o</u>ja ko iya.*

> Who gave birth to all the divinities. My mother Awayo. The Spirit of the Mother of

Fishes challenges the source of suffering.

*Iyanla, Iyanla, Iyanla, Yemoja gbe a le. Ase.*

Great Mother, Great Mother, Great Mother, the Spirit of the Mother of the Fishes sustains us. May it be so.

## ORÍKÌ YEMOJA

(Praising the Spirit of the Mother of Fishes)

*Iya mo dupe, f'Oba èè. Iya mo dupe, f'Oba éò.*

Queen Mother, I thank you. Queen Mother, I thank you.

*Oba nlá toto aro, ago l'ona. Iyá mo dupe, f'Oba, Iyalode. Ase.*

Powerful Queen fearful indigo depth within the river, make way forher,

Queen mother, I thank you, mother of the world. May it be so.

## ORÍKÌ YEMỌJA

(Praising the Spirit of the Mother of Fishes)

**Yemọja olodo. Obalufe, Yemọja olodo.**

Spirit of the River, Mother of Fishes. Guardian of Ife, Spiirt of the River, Mother of Fishes.

**Yemọja olodo, Obalufe, Yemoja olodo.**

Spirit of the River, Mother of Fishes. Guardian of Ife, Spiirt of the River, Mother of Fishes.

**Didun lobe, Yemọja lògerègerège,**

The sweetness of the soup prepared by the Mother of Fishes flowing,

*Okéré, 'mo de o.*

Okere comes bringing the fortune of children.

*Báròyé ò, Báròyé ò. Okéré, ayádòó rà.*

Within her word children are born, within her word children are born. Okere who secretly buys the magical gourd.

*Yemọja ayádóò rá, Obalufe Ayádòó rà é, Yemọjá ayádóò rà é.*

The Mother of Fishes secretly buys the magical gourd; the Mother of Fishes secretly buys the magical gourd.

*Pàròyín o, Pàròyín o. M'Okéré me dé, Omídína. A<u>se</u>.*

She states the riddle, then She solves it, She states the riddle then She solves it. Okere arives and puts on a magic performance, great water that blocks the road. May it be so

# OFO ASE YEMOJÁ

(Praise names for the Mother of Fishes)

**Olúgbé - rere.**

    Giver of Good Things.

**Alélódò - bi - òsùmarè.**

    Spirit that rises in the river like a rainbow.

**Agbomo - obirin - wèlèwèlè.**

    The active midwife of children.

**Adífá - gbadé.**

    Spirit who performs divination and receives a crown.

**Olówó - orí - àwa.**

    Spirit of the Wealth of our inner self.

**Omi èji - àrán.**

Water the owner of two velvets.

***Omi - aríbú - s̩olá.***

Spirit of water that makes a deep place of honor.

***Ogbóná - bí - í - s̩é kés̩ekè̩.***

Spirit who is hot like the chain.

***Ayè̩ran - wò - bí - Olódumarè.***

Spirit who looks into the future like the Creator.

***Abiyam̩o - afidí - s̩ojú - ò̩nà.***

Spirit whose vagina is the road of passage.

***Abiyam̩o - abìrìn - wé̩lé̩wé̩lé̩.***

Nursing mother of gentle strides.

# ORÍKÌ AGANJU

*ORÍKÌ AGANJU* are invocations spoken to the Fire at the Center of the Earth. In some regions of traditional Yoruba culture *AGANJU* is the Father of the Spirit of Lightning (*Sango*). The Fire at the Center of the Earth refers to the passion that is at the foundation of spiritual transformation.

# ORÍKÌ AGANJU

(Praising the Spirit of the Fire
at the Center of the Earth)

*Aganjù s'olà kiní'ba kiní'ba s'óògùn. A yà ròrò kiní 'ba'ko egbé mi ni yó.*

> The Spirit of the Fire at the Center of the Earth makes Wealth the first Chief, the first Chief to produce medicine. We turn calmly to the first Chief of the farm, you carry me to satisfaction.

*Etala bò júbà gàbàgbà a júbà. Ase.*

> Thirteen times we return to salute you, boldly we salute you. May it be so.

# ORÍKÌ AGANJU

(Praising the spirit of Fire at the Center of the Earth)

*Iba Aganju, etala bò júbà gàbàgbà a júbà. Iba eleku, Etala bò júbà gàbàgbà a júbà. Ba kini 'ba s'óògun, etala bò júbà gàbàgbà a júbà. Ase.*

Praise the Spirit of fire; it is thirteen times that I salute you. I respect the owner of the cave. It is thirteen times that I salute you. The chief who first made medicine, it is thirteen times that I salute you. May it be so.

# ORÍKÌ AGANJU

(Praising the Spirit of the Fire at the Center of the Earth)

**Elekù ee, elekù ee. Aganju elekù e aye. Ase.**

> The owner of the cave, the owner of the cave. The Spirit of the Fire at the Center of the Earth is the owner of the cave. May it be so.

# OFO ASE AGANJU

(Praise names for the Spirit of the Fire at the Center of the Earth)

**Elekú o.**

> Owner of the Cave.

# ORÍKÌ ỌYA

ORÍKÌ ỌYA are invocations spoken to the Spirit of the Wind. The Wind is the Source of radical change including the movement towards abundance. In traditional Yoruba culture the Spirit of the Wind is the protector of the market place.

# ORÍKÌ ỌYA

(Praising the Spirit of the Wind)

**Ọya yeba Iya mesa Ọya, Òrun afefe Iku lele bioke, ayaba gbogbo le'ya obinrin,**

> Spirit fo the Wind, senior Mother of Oyo, Heavens wind brings down the ancestors, Queen of all women,

**Ogo mi ano gbogbo gún, Òrìṣà mi abaya Ọya ewa O'yansa. Aṣe.**

> Always protect me with your strong medicine; My guardian Spirit is the Queen, Spirit of the Wind and Mother of Nine. May it be so.

# ORÍKÌ ỌYA

(Praising the Spirit of the Wind)

*Ajalaiye, Ajal òrun, fun mi ire.*
*Ibà Yansan.*

The winds of Earth and Heaven bring me good fortune. Praise to the mother of nine.

*Ajalaiye, Ajalòrun, fun mi alafia.*
*Ibà Oya.*

The winds of Earth and Heaven bring me good health. Praise to the Spirit of the Wind.

*Ajalaiye, Ajal òrun winiwini. Mbe mbe ma Yansan. Ase.*

The Winds of Earth and Heaven are wonderous. May there always be a Mother of Nine. May it be so.

## ORÍKÌ OYA

(Praising the Spirit of the Wind)

*Oya -Opéré làlàóyàn. A gbé agbòn obì siwaju oko.*

Complete Spirit of the Wind, strolling along with full confidence and importance. She takes a basket of cola nuts to place before her husband.

**O-ni-il ósìn Oya rúmú bi eni gbé ike Oya òpèrè, 'wá gbà je, kò dé inú.**

Owner of the place of worship, The Spirit of the Wind is deep in thought, carving out concepts. Complete Spirit of the Wind; come receive your offerings without offense.

**Oya l'o L'Ósin, ki Olónje máa há onje rè Oya péré bi ewé bó!**

Spirit of the Wind is the owner of the place of worship, may those who have prepared good food begin to serve it, Spirit of the Wind who causes the leaves to flutter!

**Oya fùfù lèlè bí iná là l'okè! Oya má mà dá igi l'ékùlé mi.**

Spirit of the Wind is the strong wind who gave birth to fire while traversing the mountain. Spirit of Wind, please do not fell the tree in my backyard.

**Oya a ri iná bo ara bí a_so_! Bi _e_ ba nwá _O_ya bi e kò bá rí,**

Spirit of the Wind, we have seen fire covering your body like cloth. If you look for the Spirit of the Wind you will find the Spirit of the Wind,

**_O_ya ki _e_ wá _O_ya de is_ò_ k_ò_lá, nibi ti _O_ya gbé ndá kéwú sí _e_nu.**

Maybe you'll meet her at the cola nut stall, where the Spirit of the Wind enjoys throwing little pieces into her mouth.

**Ki _e_ wa _O_ya dé is_ò_ osùn, nibi ti _O_ya gbé nf_ó_ búk_é_ si ara.**

Maybe you will meet the Spirit of the Wind at the camwood stall, where the Spirit of the

Wind likes to rub red save on her body.

**Ké e wá Oya dé isò bàtá, nibi ti Oya gbé nla igó móra.**

May you will meet the Spirit of the Wind at the drummers stall, where the Spirit of the Wind moves her body in an enourmous dance.

**Iya, iya mo ni ng ó mà je ìgbé Oya, nwon ni kí n'mà se je igbe Oya.**

Mother, mother, I will always respond to the call of the Spirit of the Wind, they warned me not to respond to her call.

**Mo ní kíni ki n'wa se? Nwon ní ki n'sare sésé ki n'fún Oya l'aso.**

Where can I go, what can I do? They told me that I should offer little pieces of cloth to the Spirit of the Wind.

*Kí n'fi àtàmpàràkò la obì n'iyàn. Oya nown fune ni idà o kò pa eran.*

> They said I should offer cola nut and pounded yam to the Ancestors. They gave a sword to the Spirit of the Wind, but she does not use it to kill animals.

*Iya sáàn nwon fun e ni idà o kò bé rí. O ní kini o yio fi idàdídà se!*

> They should present a sword to Mother that is not used for killing animals. They should give her a sword that is used for beheading people.

*Oya a-r'iná bora bí aso, Efùfù lèlè ti ndá igi lókèlokè.*

> The Spirit of the Wind uses fire as a body covering, like cloth. Strong Wind that kncks down trees in the forest.

*Ojèlóiké a-ní-iyì l'ójè. Iya mi pòrò bí omú sé l'aíyà.*

The Ancestors deserve good treatment and respect from the members of the Ancestral society. Mother, pour into me as from your breasts, world Mother.

**Òjè l'o ni oketè Se. Oya l'ó ni Egun. Ase.**

Ancestor worshipper, owner of the bush rat, the Spirit of the Wind is the owner of the Ancestral society. May it be so.

## ORÍKÌ OYA

(Praising the Spirit of the Wind)

**Orun wara, bi ina jo'ko.**

Wife of the Spirit of Iron, Woman of the Crown of honor destroys worlds suddenly, like a farm on fire.

**Bomibata Orisa ti gbo egbe re mo ile, pon mi ki o ma so mi Obinrin Sango.**

Strong willed Spirit who protects her followers on the earth. Carry me on your back, great woman of the Spirit of Lightning.

**Oya ni o to iwo efon gbe. Ase.**

Oya alone can seize the horns of the rampaging buffalo. May it be so.

# ORÍKÌ OYA

(Praising the Spirit of the Wind)

**Oya aroju ba oko gu o palemo bara - bara. Afefe iku. Abesan wo ebiti kosunwon efufu lele ti nbe igi ilekun ile anan.**

Spirit of the Wind died courageously with her husband, She puts matters in order suddenly. The wind of death. Mother of nine shatters the evil mound of earth, strong wind demolishes the tree by the family door.

***Okiki a gbo oḵe so edun, igan obinrin ti nko ida, Ọya iji ti ṣe tit bajo - bajo.***

> Rumor in the clouds, hurls down a stone ax, courageous woman armed forever with a sword, Spirit of the Wind, tornado, sets the leaves of the trees in motion.

***A pa keṯe, bo keṯe. Aṣe.***

> She kills suddenly, she enters suddenly. May it be so.

## ỌFỌ AṢE ỌYA

(Praise names for the Spirit of the Wind)

***Af̱ef̱e - j̱ej̱e.***

> Whirlwind.

***Af̱érif̱é légélégé.***

> Mysterious Wind.

***Àjàláiyé.***

Winds of the Earth.

**Àjàlọ́run.**

Winds of the Realm of the Ancestors.

**Efufu - lege - lege.**

Gentle Breeze.

**Iyansan.**

Mother of the Child of Nine.

**Olúwèkù.**

The controller of those who wear the Ancestral masquerade.

# ORÍKÌ SANGO

*ORÍKÌ SANGO* ae used to invoke the Spirit of Lightning. The Spirit of Lightning represents the power of spiritual transformation and the need to use humility as a model for moderation egotism.

# ORÍKÌ SANGO

(Praising the Spirit of Lightning)

*Olueko a san Osain sere adase.*
*'Koko n'ogi 'koko n'ogi,*

> Elder of Eko we praise Osain, we have the authority to do good. The pot of cornstarch, the pot of cornstarch,

*omo aladufe tani sere binu. Etala mo júbà, gadagba a júbà. Ase.*

> the child of the one that is loved by the multitude who is angry at doing good. Thirteen times I salute you, openly we give thanks. May it be so.

# ORÍKÌ SANGO

(Praising the Spirit of Lightning)

*Olomo kìlò f'omo rè, e má pèé Sango gbomo lo, bí ó soro,*

> Let everyone warn their children, least the Spirit of Lightening be accused of kidnapping, when he chooses to be ferocious,

*a s'gi dèniyàn. Bí ó soro, a seniyan deranko. Ase.*

> he turns a tree into a man. When he chooses to be ferocious, he turns a man into an animal. May it be so.

## ORÍKÌ SANGO

(Praising the Spirit of Lightning)

*Kawo Kabiyesile, etala mo júbà, gadagba a júbà. Oluoyo, Etala mo júbà, gadagba a júbà. Oba ko so, etala mo júbà, gadagba a júbà. Ase.*

> Hail to the Chief, It is thirteen times that I salute you. Chief of

Oyo, It is thirteen times that I salute you. The Chief who has not died, it is thirteen times that salute you. May it be so.

## ORÍKÌ SANGO

(Praising the Spirit of Lightning)

***Je ko ye mi Sango baalee Kosoo.
Aremu baale Agborandun.***

May I be pleased Spirit of Lightning. Aremu chief helper.

***O o gborann mi dun dakun mo ya mi. Aremu njo o buru igba nii gbope***

Please defend me, do not reject me. Aremu at difficult times the climbing rope encircles the palm tree.

***Aranmonlogunabaomolo.
Kakombari Aroorajaoogun.***

He sends his servants to war, he goes with them. Kakombari

> who has enough money to buy ingredients to prepare charms.

***O too bora njo̱ kan an po̱nju. E̱ye o ku ojumo̱***

> He is enough defender on a bad day. He is as fast as a flying bird, good morning.

***O si ku ojumo̱ S̱ango o̱ko̱laya mi O̱run. As̱e̱.***

> Good morning Spirit of Lightning, my husband in Heaven. May if be so.

## ORÍKÌ S̱ANGO

(Praising the Spirit of Lightning)

***Oko ibéji eletimo, ojú eri eri ó là orun garara.***

> Guardian of twins, Master of knowledge, brilliant eye, He splits the skies.

***O sa ogiri e̱ke̱ nigbeigbe Egun toto bitan li awa yi odo fun.***

He splits the lira's wall superbly, masker from the other world, we roll out the mortar and use it as a throne.

**Omi li eba iná li arin Orun, Olowo mi edun kan soso li o fi pa enia mefa.**

Water by the side of fire in the middle of the sky. Spirit who kills six with

a thunder stone.

**Ori O_se li o gun lo, afi enia ti Soponnon eleran ekun to o gbopa.**

He mounts the head of Ose and goes, strong person, spotted leopard, like the Spirit of Infectious disease.

**Ekun Baba Timi, Orun funfun bi aje.**

Leopard Father of the Chief of Ede, white sky, sign of richness.

**Oni laba jinijini ala a li a_se atata bi okunrin a dugb_e ekun ok_e.**

Owner of the thunder bag, owner of the bad filled with power, seasoned warrior.

**_Agbangba li ojú agada o gbe iná wo ile eke._**

Storm on the edge of the knife, He carries fire on his head into the house.

**_Shere Ajase Ose Orobondo._**

Victorious Shere, Superlative Ose.

**_Ki fi ojú bo orule ki o duro iná wonu ekun, nitori ayibamo eje ki awa jo se._**

Flash of a leopard's eye can set a roof on fire, against the unknown let us do things together.

**_Oba tete li o le ale bi osu pa - eni, pa - eni, mo ni li ale. Ase._**

Swift Chief, appearing like the evening moon, I have an

assassin as a lover. May it be so.

# ORÍKÌ S̩ANGO

(Praising the Spirit of Lightning at Eku Odun)

**S̩àngó a wá s̩e o̩dún re̩; Máà jé̩ kí a rí ìbánujé̩ o.**

Spirit of Lightning we are here for your annual ceremony. Protect us from bad fortune.

**Jé̩ kí a lé sí, máà jé̩ ki a pè̩dín. Máà jé̩ kí a rí àísàn o.**

Let us increase in number and not decrease. Protect us from illness.

**Máà jé̩ ki a dáràn íjo̩ba. Máà jé̩ ki a rí e̩jó̩ o. Máà jé̩ ki arí ìjà re̩ o.**

Protect us from breaking the law. Spare us from court cases. Do not allow us to see you in a bad mood.

*Máà jẹ́ ki a riíjà Sànponná. Máà jẹ́ ki odò o gbe wa lọ. Máà jẹ́ ki akú ikú iná.*

> Save us from the Spirit of Ifectious Disease. Save us fron drowning. Save us from death by fire.

*Tútú tútú ni kí o jẹ́ kí a máá rí. Máà jẹ́ ki ọwọ́ ikà ó tẹ̀ wá o. Báni ségun ọ̀tá o.*

> Let us experience the calm and gentle things of life. Save us from wicked people. Help us defeat out enemies.

*Bá mi wo ọmọò mi. Máà jẹ́ ki n àrin fi ẹsẹ̀ sí. Máà jẹ́ ki n sọ̀rọ̀ fi ẹnu kọ. Aṣe.*

> Help protect my children. Guide my footsteps. Prevent me from committing offences by the words of my mouth. May it be so.

## OFỌ AṢE

# SANGO

(Praise names for the Spirit of Lightning)

**Àrìrà.**
    Fast as Lightning.

**Bámbi.**
    Spiritually Reborn.

**Kábiyèsí.**
    Greeting of Respect.

**Kábíyèsìlè.**
    Greeting of Respect.

**Olúbambí.**
    The Creator helped me before I had this child.

**Olú kòso Àìrá.**
    The Controller of Lightning.

**Olúòrójò.**
    King Who Must Not See Rain.

***Oluoyo.***

> Chief of Oyo.

***Obakòso.***

> Chief of Kòso.

***Atúwon - ká nibi won - gbé - ndáná iró.***

> One who scatters them where they are conspiring.

***Òlòlò afi - enu - ikà - lolè.***

> One who punishes the wicked by rubbing their mouths on the ground.

***A wa aapon móri, o fi gògò fa tiri móra.***

> One who, after looking in vain for trouble, draws to himself difficult problems.

***O torí ijà dá oko si èbá òná.***

> One who establishes a farm near the main road in order

to forment trouble with passersby.

***Abi - gbogbo - ara - wà - sigàsìgá.***

One who by nature is restless.

***Afàwón - ya - bi - àgbàdo - òjò.***

One who tears down people as cobs of corn are torn down.

***Làgboókun abàruru agbàdo.***

Spirit of Lightning the size of whom is like a moutain of corn.

***Jámujámu po léégùn, Sàngó o o pò lòkunrin.***

The Spirit of Lightning is a powerful Ancestor. The Spirit of Lightning is a powerful man.

***Ònà yá méjì, pá pò o fi sòkan.***

There are two solutions to a problem, The Spirit of Lightning please resolve them.

**Bòwó ba te Séréré tí o te Àjàsé, yió wa mo eleto nitògiri.**

It is not until some people are involved in trouble that they acknowledge the Spirit of Lightning.

**Aláàfin, ekùn bú, a sá.**

The King of Oyo snarls like a leopard and the people run away.

**Eléyinjú ògunná.**

One whose eyeballs glow like charcoal.

**Olúkòso làlú.**

Olukoso the famous one of the city.

**Kábíyèsi o.**

We honor you.

***Odio, àgbà ifẹ̀.***

Odio the old man of Ife.

***Onígbẹ̀ẹ́ ànsúré fún.***

The owner of the jungle from who people must run away.

***Alẹ́dun - lábàjà.***

One whose facial marks are bold as thunderstones.

***Aṣa - nlánlá - ori - pamọ́.***

One who has control of the head of important people.

***Abá - wọn - jà - mà - jẹ̀bi.***

One who fights people and still remains guiltless.

***Ọbakòso, Bàngùdu sáki.***

The Powerful Chief.

***Atú - wọn - ká - nibi - wọ́n - gbé - ndáná - irọ́.***

One who disperses them where they are conspiring.

**Ajélíle bi eégun, baálẹ̀, Obakòso.**

One who is power to call forcefully like an ancestor chief, the king who did not hang.

**Gùdùgúdú abojú - telú o.**

He has eyes as frightening as the poisonous gudugudu yam.

**Ató - bá - jayé o.**

One who is sufficient support in life.

**Ọ̀tá mi kò ni rójú ṣojú o.**

My enemy will have no peace of mind.

**Ọbakòso, aní - ṣẹ́rẹ́ - oògùn - lẹ́yin jú.**

The Chief whose eyeballs are like medicine rattles.

***Sángiri, lágiri, làgiri kaàkà fi edun bó.***

He breaks walls, cuts open walls, destroys walls with thunderstones.

***Osán le koko bá won gbélé.***

Tough like the bow strings which shares the powerful one who insists on the same dwelling with people.

***Abólumó bí owú, omo elòmíran ni o se.***

He drops on people like a blacksmith's hammer, deal with other people not me.

***Aláràá iyàbe, iná mo omo jó omo.***

He has dry thunderstones; the fire, which recognizes people before burning them.

***Ìyèrè dì sàkàs íkí rebi ìjà.***

Iyere goes to battle fully armed.

**Òkú - lájà - sè - ni - pópó, fi orí mi bun mi.**

One who dies in a house only to reappear on the main street, please spare me.

**Ajanwonwrín, ajanwonrin, ajanwójanwon eru oògun.**

The powerful one whose dress is covered with charms.

**Òlòlò fi enu ikà lolè.**

One who makes the wicked kiss the ground.

# *ORÍKÌ*

# *IBEJI*

*ORÍKÌ IBEJI* are invocations to invoke the Spirit of Twins. The Spirit of Twins are icons that represent abundance.

# ORÍKÌ IBEJI

(Praising the Spirit of Twins)

**B'eji b'eji'la, o be ekun Iya re.
A_se_.**

> Give birth to twins and be rich, twins console their weeping mothers. May it be so.

# ORÍKÌ IBEJI

(Praising the Spirit of Twins)

**B'eji b'eji're. B'eji b'eji'la. B'eji b'eji'wo. Iba _omo_ ire. A_se_.**

> Giving birth to twins brings good fortune. Giving birth to twins brings abundance. Giving birth to twins brings money. Praise to the children of good things. May it be so.

# ORÍKÌ IBEJI

(Praising the Spirit of Twins)

*Se b'Olodumare Oba ni, Oba Odumare lofejire jin o loje ko o bi'beji le ekan soso o. Eniti'nu re ba mo l'Oluwa fun lore.*

It is the Creator, the Chief, it is the Creator who blessed you with twins. That is why you had two at once. Grant twins to a person whose heat is pure.

*Eni Ejire ba n wuu, bi laye ko yaa ni'wa tútù ko ni nuu re n loto.*

Let she who fantasizes having twins adopt a gentle character let him remain transparently honest.

*Igi Olowo mo se. O ji fi'lu kii be eni r'Aláàfin Orun a ji jija du ewa.*

I gather the firewood of splendor. A twin wakes up to the beat of royal drums, like those of the King of Oyo in Heaven wakes up to fight for the art of beauty.

**Omo to wole oloro ti ò de si ore alákìsa o so alákìsa d'onigba a_so_. A_se_.**

Twin sees the rich, passes them by twin loves persons in rags. Twin will transform person in rags into a paragon of royal dress and richness.

May it be so.

## ORÍKÌ IBEJI

(Praising the Spirit of Twins)

**Ibeji, ò_rò_, Af_e_mari. Winwin lójú orogún.**

The Spirit of Twins, the one for whom people look in vain. The frail ones in the eyes of their mother's co - wives.

***Wòwò lòjú ìyá rè. Dakun dábò, máà jékí a ríkú àgbà.***

The robust ones in the eyes of their mother. Please do not allow us to see the death of children.

***Máà jé kí a ríkú àgbà. Eni ti kò rí omo, jé kí ó rí omo.***

Do not allow us to see the death of adults. Give children to those who have none.

***Eni tí ó bí máá jé kí o kú mo lówó. Máà jé kí a kú ikú òjijì.***

Do not let those who have children lose them. Prevent us from meeting sudden death.

***Só wa lóko, lódò àtí ní àárin igbé. Ase.***

Watch over us on the farm, on the riverbanks and in the bush. May it be so.

# ORÍKÌ OSUN

*ORÍKÌ OSUN* is the Spirit of the *OSUN* River. She is the Spirit of Fresh water and the source of abundance on the planet, the source of erotic attraction, and the source of the water needed to sustain life.

# ORÍKÌ OSUN

(Praising the Spirit of the River)

*Osun àwúráolu, serge síì elewe roju oniki. Làtojúku awede we mo.*

> The Spirit of the River, turtle drummer, open the path of attraction. Mother of Salutations. Cleansing Spirit clean the inside and out.

*Eni ide ki su omi a san réré. Alode k'oju ewuji o san réré.*

> The maker of brass does not polute the water. We are entitled to wear the crown that awakens all pleasure.

*Alode k'oju emuji o san réré. O male odale o san réré. Ase.*

> We are entitled to wear the crown that awakens all

pleasure. The Spirit of the Earth that wanders freely. May it be so.

## ORÍKÌ OSUN

(Praising the Spirit of the River)

*Iba Osun sekese, Làtojúku awede we mo. Iba Osun Olodi, Làtojúku awede w e mo. Iba Osun ibu kole, Làtojúku awede we mo.*

Praise to the Spirit of Mystery, Spirit who cleans me inside out. Praise to the Spirit of the River, Spirit who cleans me inside out. Praise to the Spirit of Seduction, Spirit who cleans me inside out.

*Yeye kari, Yeye'jo, Yeye opo, O san réré o. Mbè mbè ma yeye,*

*mbè mbè l'oro. Ase.*

Mother of the mirror, Mother of dance, Mother of abundance, we sing your praises. Exist, exist always mother, exist always in our tradition. May it be so.

## ORÍKÌ OSUN

(Praising the Spirit of the River)

**Iba Osun awura olu, Oloriya igun, Erewa Obinrin awede ko to we'mo. Ase.**

> I respect the Spirit of the River, Chief of the Vultures, Guardian of the character of women, may she guide us from misfortune. May it be so.

## ORÍKÌ OSUN

(Praising the Spirit of the River)

**A tun eri eni ti o sunwon se. Alase tun se a ki nla oro bomi.**

> Witness of a person's ecstasy renewed. Once again in command of things, she

greets the most important matter in the water.

*Ipen obinrin a jo eni ma re̱. O̱sun ma je̱ mo aiye o jó le li eri.*

> Most powerful woman who can burn a person, Spirit of the River don't let the world dance evil on my head.

*Ala agbo ofe̱ a bi omo mu oyin. Otiti li owó adun ba soro po. O ni ra mo ide̱.*

> Caring without fee, she gives the healing, honeyed water to the child. Rich as She is, She speaks sweetly to the multitude, She has bought all the secrets of copper.

*O ro wanwan jó wa. O jo lubu ola eregede̱.*

> Here she comes dancing, making her bracelets tinkle like the forest brook. She is dancing in the depths of underwater

riches. My mother has hollowed out something in the sand.

***Alade obrinin sowon. Afinju obinrin ti ko a ide̲.***

Crowned woman is very, elegant in the way she handles money.

***O̲sun olu ibú ola, Olo kiki eko.***

The Spirit is the master of the depths of wealth, Owner of innumerable parrot feathers.

***Ide̲ fi ojú ta iná.***

The flash of brass in the fire of her eyes.

***Oni ro wanranwanran wanran omi ro. Afi ide̲ si omo li owo. A se̲.***

Water murmuring over stones is the Spirit of the River dancing with her jewels of brass, dancing with her tinkling rings of brass. Only the children of the Spirit of the River have such copper bracelets on their arms. May it be so.

# ORÍKÌ OSUN

(Praising the Spirit of the River)

Òsun mo me o o. Mo pè ó sówó, mo pè ó sómo; Mo pè ósí àìkú, mo pè ósí orò.

Spirit of the River, I call on you. I call on you for abudnance, I call on you for children, I call on you for protection against death, I call on you for wealth.

Eniti nwá omo ko fun lómo. Èmi kò fe odì, èmi kò fé aro. Omo dáradára ni ki fun won. Ase.

Give children to those who ask for children. Do not give them deaf children or infirm children. Give them health children. May it be so

## OFO ASE ÒSUN

(Praise names for the Spirit of the River)

**Òsun òyéyéni mò.**

> The Spirit of the River who is full of understanding.

**O wa yanrin wayanrin kówó sí.**

> Spirit who digs sand to bury money.

**Agégun soro.**

> Spirit who blushes while serving as a warrior.

**Oyeye ni mò.**

> Spirit who glories in fresh palm leaves.

**Eni ide kìí sú.**

> Spirit that never tires of wearning brass ornaments.

**Amo - awomá - rò.**

> Spirit knows the Mysteries and does not reveal them.

**Gbàdàmugbadamu obinrin kò seé gbámú.**

> The huge, powerful woman who cannot be attacked.

**Apèrè lo fi jòkòó nínú ibú.**

> Spirit who sits on a basket in the depths.

**Ore yèyé,**

> Most gracious Mother.

**Ore yèyé, Òsun ore yèyé molè.**

> Most gracious Mother, Spirit of the River most gracious Spirit.

**Ògbàdàgbada lóyàn.**

> Spirit who has large robust breats.

**Anùde - remo.**

> Spirit who appeases children with brass ornaments.

**Otúte nítèé.**

Spirit with the cool fresh throne.

**Yèyé Oníkìí, Obalódò.**

The gracious Mother who is Queen of the River.

**Ladekoju, òwe - omo - yé.**

The crown of the head who gives life to children.

# ORÍKÌ ÒRÌSÀOKO

*ORÍKÌ ÒRÌSÀOKO* are invocations for the Spirit of the Farm.

# ORÍKÌ ÒRÌṢÀOKO

(Praising the Spirit of the Farm)

*A ó jiyán lónìì, iyan a o jiyán lónìì, iyan iyan tó funfun luẹ́lẹ́,*

>We shall eat pounded yam today, pounded yam, we shall eat pounded yam today, pounded yam, white pounded yam,

*iyan iyan a bìlẹwu lọrun, iyan a o jiyán lónìì, ṣegbẹ̀dẹ̀ a ṣe, iyan o. Aṣe.*

>pounded yams, yams pounded into a delicious pulp, pounded yam we shall eat pounded yam today, there will be much rejoicing, pounded yam. May it be so.

# ORÍKÌ OSANYIN

*ORÍKÌ OSANYIN* are used to invoke the Spirit of Herbs when picking herbs. These invocations are also used for making medicine and they are used for initiating direct communications with plants.

# ORÍKÌ OSANYIN

(Praising the Spirit of Herbal Medicine)

*Iba Osanyin, Iba oni ewe. Ko si ku. Ko si arun. Ko si akoba. A dupe Alagbo. Ase.*

> Praise to the owner of herbal medicine. Praise to the owner of leaves. Free us from death. Free us from sickness. Free us from negativity. I thank the owner of medicine. May it be so.

## ORÍKÌ OSANYIN

(Praising the Spirit of Herbal Medicine)

*Atoobajaye o Afonja Eweeelere oo. Eweeee. Eweeelere oo.*

> The adequate protector. Afonja there is value in the knowledge of herbs. Herbs. There is value in the knowledge of herbs.

*Ewe ni nse o bayi bi. Oko laya mi Orun. Eweeee. Eweeelere oo.*

> It is the knowledge of herbs that makes you behave like this. You are my husband in Heaven Herbs. There is value in the knowledge of herbs.

*Seerejobi ewe tii somo ori igi. Ipin bawonyi n'somo agbijale.*

> Seerejobi leaves belong to the top of tress no matter how tall. Poisonous insects defend Mother Earth.

*Eweeee. Eweeelere oo. Ase.*

> Herbs. There is value in the knowledge of herbs. May it be so.

# ORÍKÌ OSANYIN

(Praising the Spirit of Herbal Medicine)

*Agbénígì, òròmodie abìdí sónsó*

One who is versed in the use of roots, one who has a sharp-pointed tail like that of a chick.

**E̱siṉsin abe̱do̱ kínníkínní; Kò̱ò̱go̱ egbòrò irin.**

One who has a liver as crystal clear as a fly's; one who is as powerful as an iron rod.

**Aképe nígbà ò̱ràn kò sunwò̱n. Tíótíó tín, o gba as̱o̱ ò̱kùnrùn ta giegiè̱.**

One to whom people appeal when things are bad. The extremely slender one who in curing snatches the apparel of illness and moves as if he would fall.

**E̱lé̱sè̱ kan ju e̱lé̱sè̱ méjì lo̱. Aro̱ abi - okó liè̱liè̱. Ewé gbogbo kìkì oògùn.**

The one-legged man who is more powerful than those with two legs. The weak one with a weak penis. One who turns all leaves into medicine.

***Agbénìjí, èsìsì kodùn. Agogo nla se eré agbára. O gbà wón là tán, wón dúpé tènìtènì. Ase.***

Agbeniji, the diety who uses camwood. The large iron bell that produces powerful sounds. The who to whom people give unreserved thanks, after he has saved them. May it be so

# OFO ASE
# OSANYIN

(Praise names for the Spirit of Herbal Medicine)

***Ogba aso òkùnrùn ta giègiè.***

One who snatches the cloths of illness and staggers.

***Okùnrin gbogbó, dá nkan dá nkan.***

The powerful one who commits crimes.

**E̱lẹ́sẹ̀ kan tí ó lé e̱lẹ́sẹ̀ méjì sáré.**

The one - legged man who puts two - legged men to flight.

**Àrọ̀ni já sí kòtò dì oògun máyà.**

Aroni, who jumps into a pit with charms tied on his chest.

**Agúdúgbú - Ojà, tíótíó tó te̱nu mọ́ràn tí kìí se.**

Agudugbu - Oja, one who remains firm on an issue.

**Afinjú omo ti ngbégun ilé.**

The neat one who lives in a corner of a room.

# ORÍKÌ NANA BARUKU

ORÍKÌ NANA BARUKU are invocations for the Healing Spirit of the Mother of *Babaluaye*. In traditional Yoruba culture *Babaluaye* is the Spirit of Infestious disease and is invoked in battle as a weapon. There are no invocations in this collection for Babaluaye because the need to use this Spirit as a weapon is outdated. Typically *Babaluaye* is given with either *Obatala* or *Nana Baruku*. In some regions of the Diaspora *Babaluaye* become transformed from the source of disease to a healer. Those lineages make use of invocations that are not consistent with the invocations of traditional *Ifa*. It does not mean they are wrong, it means they are different and not included in this collection. When it is necessary to praise *Babaluaye* in public it is common to say *NANA BARUKU*.

# ORÍKÌ NANA BARUKU

(Invocation for blessing the water used to heal)

\* Spoken at public ceremonies when honoring the Spirit of Disease

**B'o ṣe adagun moi, Nana Baruku ba m'ka a l'akaaki.**

Even if it is a lake, Spirit Who Fights Disease help me to make it medicinal.

**B'o se odo agbara, Nana Baruku ba m'ka a l'akaaki.**

Even if it is a torrent, Spirit Who Fights Disease help me to make it medicinal.

**Ntori emi o m'ohun oyin ifi is'afara, ngo m'ohun odide ifi ise idi re,**

Because I do not know what the bees use to make the honeycomb, I do not know what the parrot uses to make it's tail,

**emi o m'hum Iya mi ifi s'odo t'o d'agbo alagbo were.**

I do not know how the Mother immersed in the stream turns it's water into potent medicine.

**Alagbo ofe, alagbo wo'ya wo omo. Orisa t'o r'omi tutu, t'p sipe agan.**

You who give medicine free of charge, you the Owner of Medicine that cure the mother and the child. You the Goddess who uses cold water to help barren women.

**Nana Baruku, ba mi de'di agbo omo mi k'o mu, k'o ki.**

Spirit Who Fights Disease touch my child's medicine, make it strong, make it thick.

**Nana Baruku, ba mi de 'di agbo omo mi, k'o mu, k'o ki. Asoògun fun ni ma gb'eje.**

Spirit Who Fights Disease, touch my child's medicine, make it thick, make it strong. You who give out medicine for no fee.

**B'a mi de'di agbo omo mi. K'o mu, k'o ki. Agbo olo - inu.**

Touch my child's medicine. Make it strong, make it thick.

This medicine is for curing enlarged spleens.

***Ki olo - inu maa se olomitutu temi. Agbo fawofawo.***

Let my child be free from enlarged spleens. This medicine is for curing disease of the umblical cord.

***Ki fawofawo maa se olomitutu temi. Agbo igbona. Ki igbona maa se olomitutu temi. Ase.***

Let my children be free from diseases of the umbilical cord. This medicine is for curing high fever. Let my children be free from high fever. May it be so.

## ORÍKÌ NANA BARUKU

(Invocation for blessing the water used to heal)

\* Spoken at public ceremonies when honoring the Spirit of Disease

***Okiti kata ekun a pa eran ma ni yan.***

> Mound of earth called kata, leopard who kills an animal and eats it raw.

***Gosungosun on wo ewu eje omi a dake je pa eni pele, Nana.***

> Your camwood dusted garmets rexemble blood, your silent waters, outwardly tranquil kill so gently, Nana.

***Yeyi mi, ni Bariba li akoko okitit kata a pa eran ma ni obe,***

> My Mother, she arrived from Bariba, a long time ago. Kata mount, who kills with a knife,

***oju iku ko jiwo owo nle pa l'ode ekan aragbo do ero nono awodi ka ilu gbogbo aiye.***

the eye of death is regarded, she trades indoors, kills outside, she is extremely old, yet she can outwrestle the evil traveler, wrestling him to the ground and like a bird circle the world.

**Okiti kata awa p'ara olosun.**

Earth mound called kata we cover your body with camwood.

**Okiti kata obinrin pa aiye a pa eran ma l'ob<u>e</u>. A<u>se</u>.**

Earth mound called kata woman who can kill the world, who kills animals without using a knife. May it be so

# ÌBÀ'S_E_
# M_E_RÌNDINLOGN

ÌBÀ'S_E_ M_E_RÌNDINLOGN is not technically an *oriki*. In traditional *Ifa oriki* or invocations are used to initiate altered states of consciousness. The *Iba* prayer is different in that it is designed to praise Forces in Nature either as part of the personal daily prayer cycle, as an opening prayer for divination or as part of a public ritual. Rather than focus on the possession by a single Spirit, the *Iba* prayer makes reference to a wide range of Spiritual Forces. When the *Iba* is spoken as part of the daily prayer cycle or as part of the opening prayer for divination the prayer typically only makes reference to those Spirits that have been received by the person saying the prayer. When this prayer is spoken in public it typically refers to all the Spiritual Forces embraced by a particular community. The structure of the *Iba* is essentially to take the first sentence of a wide range of *oriki*. It is in fact a short hand reference to a full spectrum of *oriki* used to invoke altered states of consciousness. Depending on the circumstance the person saying the *Iba* can take any line of the prayer and extend it into a full *oriki* when and if the situation requires an altered state. For example, when a diviner is using this prayer to open divination, when they come to their primary Spirit, the full *oriki* for that spirit will be spoken in the context of the *Iba* prayer. The *Iba* can also be used for divination with the *Opele* (diviner's chain) with the addition of *oriki Orunmila* at the end of the *Iba*.

# ÌBÀ'SE MERÌNDINLOGN

(Opening invocation for Cowrie Divination)

**Opé ni fún Olórun.**

>Gratitude to the Ower of the Realm of the Ancestors.

**Ìbà Olódùmarè, Oba àjíkí. Mó jí lòní. Mo wo'gun mérin ayé.**

>I respect the Creator, the Ruler who we praise first. I awake today. I behold the four corners of the World.

**Ìbà ilà Oòrùn.**

>I respect the power of the East.

**Ìbà iwò Oòrun,**

>I respect the powers of the West.

**Ìbà Aríwá.**

I respect the powers of the North.

**Ìbà Gúúsù.**

I respect the power of the South.

**Ìbà Oba Ìgbalye.**

I respect the Chief of the Seasons of the Earth.

**Ìbà Òrun Òkè.**

I respect the Invisible Realm of the Mountains.

**Ìbà Atíwò Òrun.**

I respect all things that live in the Invisible Realm.

**Ìbà Olókun à - sòrò - dayò.**

I respect the Spirit of the Ocean, the one who makes things prosper.

**Ìbà aféfélégélégé awo ìsálú - ayé.**

I respect the power of the wind, the Mystery of the Mysterious World.

**Ìbà Ògègè, Oba.**

I respect the Mother Earth who sustains the Universal alignment of all things in Nature.

**Ìbà** (List Ancestors)

I respect (List Ancestors)

**Ìbà Orí,**

I respect the Spirit of Consciousness.

**Ìbà Orí inú.**

I respect the Spirit of the Inner Self.

**Ìbà Ìponrí ti ò wa'l'Òrun.**

I respect the Spirit of the higer Self who lives in the Invisible Realm of the Ancestors.

*Ìbà Èsú* (Name of Road) *Òkunrin orí ità, árà Òké Ìtase, ào fi idà re lálè.*

I respect the Divine Messenger of (Name of Road), the Man of the Crossroads, from the Hill of Creation; we will use your sword to touch the Earth.

*Ìbà Òsóòsì ode mátá.*

I respect the Spirit of the Tracker, Onwer of the Mystery of Spotted Medicine.

*Ìbà Ògún awo, Oníle kángu - kángu Òrun.*

I respect the Mystery of the Spirit of Iron, the owner of innumerable homes in the Realm of the Ancestors.

*Ìbà Obàtálà, Òrìsà Òséré Igbó. Oni kùtúkùtú awo òwúrò, Ikù iké, Oba pàtà -pàtà tí won gb'odé ìranjè.*

I respect the Spirit of the Chief of White Cloth who is praised at the Sacred Grove. Owner of the

Ancient Mystery of the White Cloth, the Spirit Who is praised on the sacred day of the Forest, Guardian of those with physical disabilities, Chief of all future generations.

**Ìbà Yemoja Olúgbé - rere.**

I respect the Mother of Fishes, the Giver of Good Things.

**Ìbà O̱sun oloriya igún aréwa obirin.**

I respect the Spirit of the River, owner of the hair comb for beautiful women.

**Ìbà Òlukósó aira, bàmbí o̱mo̱ arigbà s̱egún.**

I respect the Chief who does not die, the Child of the Thunder Stone.

**Ìbà Àjáláiyé Àjàló̱run Oya O̱lúwè̱kù.**

I respect the Winds of Earth, the Winds of the Invisible Realm of the Ancestors, the Spirit of the Wind is the one who guides the mediums of the Ancestors.

**Ìbà Ìbejì orò.**

* Say Oriki for Orisa of Diviners Ori.

I respect the Transforming power of the Spirit of the Twins.

**Kikan mase, (List elders)**

I ask for the support of (List elders)

**Ìbà Ojubo ònòméfà.**

I respect to the shrine of the six directions.

**Ase.**

May it be so.

(at this point if the prayer is being used for divination with the *Opele* say the following *oriki*)

**Olodumare, mo ji loni. Mo wo'gun merin aye.**

Creator, I greet the new day. I greet the four directions that create the world.

**Igun'kini, igun'keji, igun'keta, igun'kerin Olojo oni.**

The first vulture, the second vulture, the third vulture, the fourth vulture are owners of the day.

**Gbogbo ire gbaa tioba wa nile aye. Wa fun mi ni temi. T'aya - t'omo t'egbe - t - ogba,**

They brought us the good fortune that sustains us on earth. They bring me all things that sustain my spirit,

**wa fi yiye wa. Ki of f'ona han wa. Wa fi eni - eleni se temi.**

With you there is no failure, we praise the road you have created, nothing can block the power of Spirit.

*Alaye o alaye o. Afuyegegege meseegbe. Alujonu eniyan ti nf'owo ko le.*

> We praise the Light of the Earth, it sustains the abundance of Creation.

*A ni kosi igi meji ninu igbo bi obi. Eyiti o ba ya'ko a ya abidun - dun - dun -dun. Alaye o, alaye o.*

> It brings us the food of the forest. It brings us the sweet things in life. We praise the Light of the Earth; we praise the Light of the Earth.

*Ifá wa gbo temi. Esu wa gbo temi. Jeki eni ye mi. Jeki eni ye mi. Jeki eni ye mi.*

> Ifa brings us Spirit, the Divine Messenger brings us Spirit. We praise their blessings.

*Ki ola san mi t'aya t'omo t'ibi t'ire lo nrin papo ni 'ile aye. Wa jeki aye mi. Kioye mi. Ase.*

We praise the blessings of family and children as well as the creation and destruction that occur in all corners of the world. They are the blessings of the world, they are my blessings. May it be so.

(The next section of the *Iba* prayer is called *ajo* meaning improvisation. At this point in the prayer you are calling for good fortune and asking Spirits for their blessing. You can select from any of the suggested blessings or you can ask for specific blessings. These requests can be spoken in your ancestral language.)

**Ki gbogbo eniyan kaakiri agbaye gbarajo̱, kiwo̱n maa gbe 'mi n'ija, kie̱gbe mi leke o̱ta.**

Let all those in the world gather to help me, through my difficulties, to defeat my enemies.

*Bi'ku ba sunmo itosi ki e bami ye ojo iku fun.*

> If Death is coming, help us to avert it.

*Odun tiatibi mi sinu aye ki e bami ye ojo iku fun ara mi ati awon omo mi ti mo bi. Kiamaku ni kekere, kiamaku iku ina, kiamaku iku oro, kiamaku iku ejo, Kiamaku sinu omi,*

> Avert Death for all my children and avert Death for all those I include in my prayers. May they not die young, may they not die in fire, may they not die intragedy, may they not die in shame, may they not die in water.

*Ki a ffoju re wo mi, ki awon omo araye lee maa fi oju rere wo mi.*

> I beg you to look upon me with good eyes, so that the world will be favorable to me and so that I will be free from illness.

*Ki e ma jeki nsaisan ki nsegun odi ki nrehin ota.*

> Let me overcome my enemies.

*Ki e ma jeki awon iyawo mi ya'gan, takotabo ope kiiya-agan.*

> Let us be fertile, just as the male and female palm trees are never barren.

*Ki e bami di ona ofo, ki e bami di odo ofo, ki e bami di ona ejo, ki e bami di ona ibi, ki e bami di ona Esu,*

> Close the way of losses to me, close the way of losses for my children, my mate and my family, close the way of litigation against me, close the way of negativityagainst me, close the way of disruption from the Spirit of the Trickster.

*Ni nri'di joko pe nile aye. Kiema jeki nba won ku - Iku ajoku.*

> Let me sit quietly in the world. Let me not die in an epidemic.

**Ki e jeki awon omo - araye gburo, mi pe mo l'owo lowo. pe mo niyi, pe mo n'ola, pe mo bimo rere ati beebee.**

> Let the whole world hear of me, that I am rich, that I have honor, that I have prestige, that my children will be good.

**Ki e jeki won gbo iro mi kaakiri agbaye.**

> Let them hear around the world that I am a good and blessed person.

**Ki eso ibi de rere fun mi ni gbogbo ojo aye mi, ki emi - re s'owo, ki emi mi gun ki ara mi kiole, ki nma ri ayipada di buburu lojo aye mi ati bee bee.**

> Turn evil to good throughout all my days on earth, that I might be rich, that all my life will be lengthened and that my

health will always be good, and that turning from good to bad may not reach me in all my days in the world.

**Ki esi'na aje fun me, ki awon omo araye wa maa bami, ra oja ti mo ba niita warawara, ipeku Orun e pehinda lodo mi.**

Open the way to wealth for me, that the whole world will want the products of my work, that untimely death will pass me by.

**Ki e jeki oran ibanje maa kan gbogbo awon ti, o ndaruko mi ni ibi ti won nsepe so mi, ti won nsoro buburu si oruko mi, awon ti nbu mi, ti won nlu mi ti won, ngb 'ero buburu si mi.**

Let all of my enemies meet adversity, that sorrowful things will be in their road, those that are calling my name in evil, those who are cursing me, those who are abusing me, those who are wishing bad things against me,

***Kiedai ni'de Arun Ilu ejo, egbese ati beebee, ki e da'ri ire owo, ise oro omo ola ola emigigun, aralile ati beebee s´odo mi.***

Release me from the tie of Death, release me from the tie of Misfortune, direct me towards the good fortune of Abundance, direct me towards the good fortune that comes from good and fruitful children, direct me towards the good fortune of honor, prosperity, good health and long life.

***Ki e da mi ni abiyamo tiyoo bimo rere ti won, yoo gb'ehin si - sinu aye ati beebee.***

Let me be known as a parent who produces good children, who will stand behind me, follow my guidance and bury me at the end of my life.

**Ki e jeki ndi arisa-ina, akotagiri ejo fun awon ota,**

> Let me be as a fire from which people flee, or as the snake that is greatly feared to its enemies,

**Kieso mi di pupo gun rere, ki'mi r'owo san owo ori, kimi r'owo san awin Orun mi ati beebee.**

> Let me be blessed for good, that I will always have the money to pay my debts, may I always do good things in the world.

**Ki e ka ibi kuro lona fun mi lode aye.**

> Remove all obstacles wherever I go in the world.

**Ki e bami ka'wo Iku. Arun ejo ofo ofo efun edi apeta oso.**

> Prevent Death disease litigation, loss and hexing. Prevent harm from those who work hexes.

**Aje at awon oloogun buburu gbogbo.**

Prevent all forms of hex against me.

***Ki e jeki Iyawo mi r'omo gbe pon,***

Let me be blessed with children,

***ki o r'omo gbe sire, ki e jeki oruko mi han si rere, ki ipa mi laye ma parun.***

Let my name not be spoken of badly in the world, let my name be famous in the world, let my lineage flourish in the world.

***Omi kiiba 'le kiomani'pa, ki 'mi ni'pa re laye ati beebee.***

Just as water never touches the ground and moves without having a path, so I will always have a good path in the world.

***Ki e bami tu imo oso, ki e ba mi tumo Aje, ki e bami tumo awon amoniseni, imo aw on afaimonis eni ati imo awon asenibanidaro, ti nro ibi si mi ka.***

Destroy the power of those who work hexes, destroy the power of the disruptive elementals, destroy the power of known and unknown enemies, destroy the power of hypocrites, protect me from all those who are thinking bad of me.

**Ki e bami te awon ota mi.**

Suppress all my enemies and destroy their power.

**Mole tagbaratagbara won ki e ma jeki nr'ibi abiku omo.**

Let my not suffer the deaths of my children.

**Ki e fun mi ni agbara, ki nsegun awon ota mi loni ati ni gbogbo ojo aye mi, kiemaa bami fi ise se gbogbo awon eniti nwa Ifarapa ati beebee fun mi.**

Give me strength that I may conquer all my enemies today, and in all my life let them suffer in poverty.

***Ki e jeki ngbo ki nto ki npa ewu sehin.***

> Let me live long and see my hair turn white.

***Ki e fun mi l owo ati ohun rere gbogbo.***

> Give me money and all the good things of life.

***Ase ase, ase,'se, o!***

> May it be, may it be may it be so!

(At this point in the *Iba* prayer it is traditional to praise the names of your elders preceded by the words *Ki kan ma se* meaning I praise from my heart.)

(When doing daily divination at the end the *Iba* prayer you can do the *dariji* prayer to ask Spirit to forgive you grom having to do elaborate offerings every morning.)

# DARIJI

(Invocation for Forgiveness asking that no offering be requested when the diviner is doing personal divination)

**Òrúnmìlà mo pe, Òrúnmìlà mo pe, Òrúnmìlà mo pe.**

> Spirit of Destiny I am greeting you, Spirit of Destiny I am greeting you, Spirit of Destiny I am greeting you.

**Ifá mo pe, Ifá mo pe, Ifá mo pe.**

> Wisdom of Nature I am greeting you, Wisdom of Nature I am greeting you, Wisdom of Nature I am greeting you.

**Oduduwa mo pe, Oduduwa mo pe, Oduduwa mo pe.**

> Father of our People I am greeting you, Father of our People I am greeting you, Father of our People I am greeting you.

*Igi nla subu wonakankan d'etu.*
*Òrúnmìlà ni o di adariji.*

> The light that precedes appeasment. Spirit of Destiny relieve me of my obligation.

*Mo ni o di adariji. O ni bi Oya ba pa ni tan.*

> I ask that you relieve me of my obligation. It is the Spirit of the Wind who lights the way.

*A ki i, a sa a, a f'ake eran fun u. A dariji o ni bi Sango ba pa ni tan.*

> I pray that you do not demand an offering of meat. Please relieve my obligation so that the Spirit of Lightning can light the way.

*A ki i, a sa, a fagbo fun u. A dariji, o ni bi Ògún ba pa ni tan.*

> I pray that the ring of dancers will bless me. Please relieve my obligation so that the Spirit of Iron can light the light the way.

***A ki i, a sa a, a f'aja fun u.***

I pray that the dog will bless us.

***A dariji, Oduduwa dariji wa bi a ti ndariji awon ti o se wa. A<u>se</u>.***

Please relieve my obligation please relieve my obligation. May it be so.

# ORÍKÌ ODU

*ORÍKÌ ODU* are spoken to praise the sacred text used as the basis for *Ifa* and *Orisa* divination. They can be used as part of public ritual by adding them to the *Iba* prayer. They can also be used to bless offerings that come from a specific Odu.

# ORÍKÌ EJIOGBE

(Invocation for Good Fortune)

*Ejiogbe, Ejiogbe, Ejiogbe. Mo b̠e yin, ki̠egbe mi ki'mi niyi, ki ̠e egbe mi ki'mi n'o̠la, ifakifa kiini'yi ko̠ja Ejiogbe.*

> The Supporter, the Supporter, the Supporter. I beg you, be with me that I may have honor, be with me that I may have respect, there is no Odu more honored and respected than the Supporter.

*Ejiogbe ni Baba - gbogbo won.*

> The Supporter is the Father of all Odu.

*Ki gbogbo eniyan kaakiri agbaye gbarajo̠, kiwo̠n maa gbe'mi n'ija, ki̠egbe mi leke o̠ta. Ki nle'ke odi.*

Let all those in the world gather to help me, through my difficulties, to defeat my enemies. Raise me above all misfortune in my lifetime.

***Ki̱emaa gbe'mi n'ija kiemaa gbe mi leke isoro lojo gbogbo ni gbogbo ojo aye mi.***

Forever raise me above all misfortune that might come my way.

***Ki̱emaa gbe ire ko mi nigbabogbo tabi kiemaagbe fun mi. As̱e.***

Always bring me good fortune. May it be so.

# ORÍKÌ

# O̱YE̱KU MEJI

(Invocation for Good Fortune)

***O̱ye̱ku Meji, O̱ye̱ku Meji, O̱ye̱ku Meji leemeta.***

The Averter of Death, the Averter of Death, the Averter of Death, I call you three times.

***Mo be yin, bi iku ba sunmo itosi kie bami ye ojo iku fun.***

I beg you, if Death is coming, help us to avert it.

***Si ehin Ogun tabi ogorun odun, tabi bi iku ba nbo kie bami yee si ehin ogofa.***

For all the years that I will be on the Earth, avert my Death until the pre-ordained time of passing.

***Odun tiatibi mi sinu aye kie bami ye ojo iku fun ara mi ati awon omo mi ti mo bi.***

Avert Death for all my children and avert Death for all those I include in my prayers.

***Kiamaku ni kekere, kiamaku iku ina, kiamaku iku oro, kiamaku iku ejo, kiamaku sinu omi, Ase.***

May they not die young, may they not die in fire, may they not die in tragedy, may they not die in shame, may they not die in water. May it be so.

# ORÍKÌ IWORI MEJI

(Invocation for Good Fortune)

***Iwori Meji, Iwori Meji, Iwori Meji,***

The Deep Seer, the Deep Seer, the Deep Seer,

***Mo be̩ yin ki a ffoju re wo mi, ki awo̩n o̩mo̩ araye lee maa fi oju rere wo mi. Kie̩ ma je̩ki ns̩aisan ki ns̩egun odi ki nre̩hin o̩ta.***

I beg you to look upon me with good eyes, so that the world will be favorable to me and so that I will be free from illness. Let me overcome my enemies.

***Ki e̩ ma je̩ki awo̩n iyawo mi ya'gan, tako̩tabo o̩pe̩ kiiya-agan. Iwori Meji. As̩e̩.***

Let my wives be fertile, just as the male and female palm trees are never barren. The Deep Seer. May it be so.

## ORÍKÌ ODI MEJI

(Invocation for Good Fortune)

**Odi Meji, Odi Meji, Odi Meji,**

The Seal, the Seal, the Seal,

**mo be̩ yin, kie̩ bami di o̩na ofo, kie̩ bami di odo ofo, kie̩ bami di o̩na e̩jo̩, kie̩ bami di o̩na ibi, kie̩ bami di o̩na E̩s̩u,**

I beg you, close the way of losses to me, close the way of losses for my children, my mate and my family, close the way of litigation against me, close the way of negativity against me, close the way of disruption from the Spirit of the Trickster.

***Ni nri'di joko pe nile aye. Kiema jeki nba won ku - Iku ajoku.***

> Let me sit quietly in the world. Let me not die in an epidemic.

**Okan ewon kiike.**

> One link in a chain will not make a lock.

***Kie se - Odi agbara yi mi ka, Ki owo mi ka'pa omo araye bi omo Odi tiika'lu. Ase.***

> I pray that you will rally around me, in the same way that we put a garden around a yard. May it be so.

# ORÍKÌ

# IROSUN MEJI

(Invocation for Good Fortune)

*Irosun Meji, Irosun Meji, Irosun Meji,*

> The Sounding Osun, the Sounding Osun, the Sounding Osun.

***Mo be yin, kie jeki awon omo - araye gburo, mi pe mo l'owo l'owo pe mo niyi, pe mo n'ola, pe mo bimo rere ati beebee.***

> I beg you, let the whole world hear of me, that I am rich, that I have honor, that I have prestige, that my children will be good.

***Kie jeki won gbo iro mi kaakiri agbaye, Irosun Meji. Ase.***

Let them hear around the world that I am a good and blessed person. The Sounding Osun. May it be so.

# ORÍKÌ OWONRIN MEJI

(Invocation for Good Fortune)

*Owonrin Meji, Owonrin Meji, Owonrin Meji,*

The Reversed Head, the Reversed Head, the Reversed Head,

*mo be yin, ki eso ibi de rere fun mi ni gbogbo ojo aye mi, ki emi - re s'owo, ki emi mi gun ki ara mi kiole, ki nma ri ayipada di buburu lojo aye mi ati beebee. Ase.*

I beg you, turn evil to good throughout all my days on earth, that I might be rich, that all my life will be lengthened and that my health will always be good, and that turning from good to bad may not reach me in all my days in the world. May it be so.

**Owọnrin Meji. Ase.**

The Reversed Head. May it be so.

# ORÍKÌ
# ỌBARA MEJI

(Invocation for Good Fortune)

**Obara Meji, Obara Meji, Obara Meji,**

The Resting and Hovering One, the Resting and Hovering One, the Resting and Hovering One,

**mo be yin, ki e si'na aje fun me, ki awọn ọmọ araye wa maa bami, ra ọja ti mo ba niita warawara, ipeku Ọrun e pehinda l ọdọ mi. Ibara Meji de at beebee. Ase.**

I beg you, open the way to wealth for me, that the whole world will want the products of my work, that untimely death will pass me by, the Resting and Hovering One has come. May it be so.

## ORÍKÌ

## O̱KANRAN MEJI

(Invocation for Good Fortune)

**O̱kanran Meji, O̱kanran Meji, O̱kanran Meji,**

The Beater of Sticks on Mats, the Beater of Sticks on Mats, the Beater of Sticks on Mats,

*mo be̱ yin, ki e̱ je̱ki oran ibanje̱ maa kan gbogbo awo̱n ti, o ndaruko̱ mi ni ibi ti won nse̱pe so̱ mi, ti wo̱n nso̱ro̱ buburu si oruko̱ mi, awo̱n ti nbu mi, ti wo̱n nlu mi ti wo̱n, ngb'ero buburu si mi.*

I beg you, let all of my enemies meet adversity, that sorrowful things will be in their road, those that are calling my name in evil, those who are cursing me, those who are abusing me, those who are wishing bad things against me,

**Okanran Meji, Okanran Meji, Okanran Meji, kiesi ilekun ori rere fun mi ati beebee. Ase.**

the Beater of Sticks on Mats, the Beater of Sticks on Mats the Beater of Sticks on Mats, open the door of good luck and prosperity for me. May it be so.

# ORÍKÌ OGUNDA MEJI

(Invocation for Good Fortune)

**Ogunda Meji, Ogunda Meji, Ogunda Meji,**

The Creator, the Creator, the Creator,

**mo b_e yin, kiedai ni'de Arun Ilu ej_o, egbese ati b_ee_b_ee_, ki _e d a'ri ire owo,**

I beg you, release me from the tie of Death, release me from the tie of Misfortune, direct me towards the good fortune of Abundance,

**is_e or_o om_o _ola _ola emigigun, aralile ati b_ee_b_ee s'_od_o mi,**

direct me towards the good fortune that comes from good and fruitful children, direct me towards the good fortune of honor, prosperity, good health and long life.

**Ki_e da mi ni abiyam_o tiyoo bim_o rere ti won, yoo gb'_ehin s_i - sinu aye ati b_ee_b_ee_.**

let me be known as a parent who produces good children, who will stand behind me, follow my guidance and bury me at the end of my life.

***Ogunda Meji. Ase.***

The Creator. May it be so.

# ORÍKÌ
# OSA MEJI

(Invocation for Good Fortune)

*Osa Meji, Osa Meji, Osa Meji,*

Run-Away, Run-Away, Run-Away,

***mo be yin, kie jeki ndi arisa-ina, akotagiri ejo fun awon ota,***

I beg you, let me be as a fire from which people flee, or as the snake that is greatly feared to it's enemies,

***kieso mi di pupo gun rere, ki'mi r'owo san owo ori, kimi r'owo san awin Orun mi ati beebee. Osa Meji. Ase.***

let me be blessed for good, that I will always have the money to pay my debts, may I always do good things in the world. Runaway. May it be so.

# ORÍKÌ

# IKA MEJÌ

(Invocation for Good Fortune)

**Ika Meji, Ika Meji, Ika Meji,**

The Controller, the Controller, the Controller,

**mo be̱ yin, kie̱ ka ibi kuro lo̱na fun mi lode aye.**

I beg you, remove all obstacles wherever I go in the world.

**Kie̱ bami ka'wo̱ Iku. Arun e̱jo̱ o̱fo̱ o̱fo̱ e̱fun edi apeta o̱so̱.**

Prevent Death disease litigation, loss and hexing. Prevent harm from those who work hexes.

*Aje̱ at awo̱n oloogun buburu gbogbo. Ika Meji. A**se̱**.*

Prevent all forms of hex against me. The Controller. May it be so.

# ORÍKÌ

# OTURUPON MEJI

(Invocation for Good Fortune)

***Oturupon Meji, Oturupon Meji, Oturupon Meji,***

The Bearer, the Bearer, the Bearer,

**mo be̱ yin, kie̱ je̱ki Iyawo mi r'o̱mo̱ gbe po̱n,**

I beg you, let me be blessed with children,

**ki o r'o̱mo̱ gbe s̱ire, kie̱ je̱ki oruko mi han si rere, ki ipa mi laye ma parun.**

let my name not be spoken of badly in the world, let my name be famous in the world, let my lineage flourish in the world.

***Omi kiiba'le̱ kiomani 'pa, ki'mi ni'pa re laye ati be̱ebe̱e.*** ***Oturupon Meji. Ase̱.***

Just as water never touches the ground and moves without having a path, so I will always have a good path in the world. The Bearer. May it be so.

# ORÍKÌ

# OTURA MEJI

(Invocation for Good Fortune)

***Otura Meji, Otura Meji, Otura Meji,***

The Comforter, the Disrupter, the Comforter, the Disrupter, the Comforter, the Disrupter,

***mo be̱ yin, kie̱ bami tu imo os̱o, kie̱ ba mi tumo Aje̱,***

I beg you, destroy the power of those who work hexes, destroy the power of the disruptive elementals,

*kie bami tumo awon amoniseni, imo awon afaimoniseni ati imo awon asenibanidaro, ti nro ibi si mi ka. Otura Meji. Ase.*

destroy the power of known and unknown enemies, destroy the power of hypocrites, protect me from all those who are thinking bad of me. The Comforter, the Destroyer. So be it.

# ORÍKÍ

## IRETE MEJI

(Invocation for Good Fortune)

*Irete Meji, Irete Meji, Irete Meji,*

The Crusher, the Crusher, the Crusher,

***mo bẹ yin, ki ẹ bami te awọn ọta mi.***

I beg you, suppress all my enemies and destroy their power.

***Mole tagbaratagbara won ki ẹ ma jẹki nr'ibi abiku ọmọ.***

Let my not suffer the deaths of my children.

***Irẹtẹ Meji. Asẹ.***

The Crusher. May it be so.

# ORÍKÌ

# OSẸ MEJI

(Invocation for Good fortune)

**Osẹ Meji, Osẹ Meji, Osẹ Meji,**

The Conqueror, the Conqueror, the Conqueror,

**mo bẹ yin, kiẹ fun mi ni agbara,**

I beg you, give me strength,

*ki nsegun awon ota mi loni ati ni gbogbo ojo aye mi, kiemaa bami fise gbogbo awon eniti nwa Ifarapa ati beebee fun mi.*

that I may conquer all my enemies today, and in all my life let them suffer in poverty.

*Ki e jeki ngbo ki nto ki npa ewu sehin. Ose Meji. Ase.*

Let me live long and see my hair turn white. The Conqueror. May it be so.

# ORÍKÌ

# OFUN MEJI

(Invocation for Good Fortune)

*Ofun Meji Oloso, Ofun Meji Olowo, Ofun Meji Olowo,*

The Giver, the Giver, the Giver,

*mo be yin, kie fun mi l'owo ati ohun rere gbogbo.*

I beg you, give me money and all the good things of life.

**_E_yin li_e_ nfun Alara l_ow_o ki_e_ fun _e_mi, naa l_ow_o ati ohun rere gbogbo.**

It is you who gave Alara wealth and the good things in life, give me these things also.

**_E_yin li_e_ nfun Ajero l_ow_o, ki_e_ fun _e_mi naa l_ow_o ati ohun rere gbogbo.**

It is you who gave Ajero wealth, give me wealth also.

**_E_yin li_e_ nfun Orangun Ile - Ila l'_ow_o, ki_e_ masai fun _e_mi naa l'_ow_o ati ohun rere gbogbo ati b_ee_b_ee_ titi lo. Ofun Meji Olowo. A_se_.**

It is you who gave Orangun Ile-Ila wealth, give me wealth and all the good things in life. The Giver. May it be so.

- 231 -

# *ORÍKÌ IRE*

*ORÍKÌ IRE* are used to invoke specific forms of good fortune. They can be added to the end of an offering or added to the end of the *Iba* prayer.

# ORÍKÌ IRE

(Invocation for Abundance)

***Bi ojo ba la maa la, afaila ojo.***

> When the day dawns I must be rich, unless the day does not dawn.

***Nitoripe bi igbin ba fenu ba'le, a ko'fa ile wo'le.***

> When the sanil touches the soil with it's mouth, it takes into its shell the free food of the Earth.

***Aiya ni'bgin fi Ifa gerere. Aje nla nwa mi ibo wa gerere.***

> The snail creeps along on its chest slowly. A big fotune is coming to me slowly.

***Aiya ni'gbin fi Ifa gerere. Ase.***

The snail creeps along on its chest slowly. May it be so.

# ORÍKÌ IRE

(Invocation for Abundance)

***Ire ni mo nwa, l'owo mi o to.***

It is good fortune that I am searching for, but have not yet received.

***Ifá, re'le Olodumare lo ko're wa fun mi owo ni nwa l'owo mi o to.***

Ifa go to the house of the Almighty and bring me good

fortune.

***Òrúnmìlà re'le Olodumare lo ko're owo wa fun mi omo ni nwa l'owo mi o to. Òrúnmìlà re'le Olodumare lo ko're omo fun mi. Ase.***

Spirit of Destiny go to the house of the Almighty and bring me abundance. Spirit of Destiny go to fthe house of the Almighty and bring me children. May if be so.

## OFO'SE

(Invocation for Breaking a Hex)

*Esinsinki igb'ehun ap'aasan. Eera ki igb'ohun ape'gede.*

> The fly does not hear the voice that recites an aasa incantation. The ant does not hear the voice of a man reciting an ogede incantation.

*Oromodie t'o ba ku ki igb'ohun asa. Ojo a ba fran bo Ifa inu agbara eje l'obi is un.*

> A dead chicken does not hear the cry of the kite. The day an animal is sacrificed to Ifa, cola nuts spend the night in a pool of blood.

*B'inikeni ba pe're mi lai dara,
k'emi lagbaja ma gbo, kieti mi di
si won o. Ase.*

If anyone is invoking spirits to harm me, let that person not hear their own voice. Let me be completely deaf to their voice. May it be so.

## OFO 'SE

(Invocation for breaking a Hex)

*A - gun - oke - ode - sore, bee ni emyin ti nsoro, ti e nf'ehinkunle s 'oju ona.*

The Brave - One - Who - Causes - Trouble, you who go to beyond the river to make trouble, it is you who have been causing trouble.

*Aje aiye, Aje Orun, e o gbodo je'gi erun.*

Elementals of Earth, elementals of Heaven, you are forbidden to eat erun wood.

**_Obo_ igi _owo_. _E_ran ki ijewe o_se_. Aj_e_ ki iba le'gi Aj_e_obale.**

Obo is the revered wood. No animal eats the leaves of the Ose tree. No elemental perches on the Ajeobale tree.

**Nj_e_ mo l'_e_iy_e_oba. K'_e_iy_e_keiy_e_ ma ba le mi o. Mo d'_e_iy_e_oba. A_se_.**

Now I am the one whom no bird must perch on. Let no bird perch on me. I am the one whom no bird must perch on. May it be so.

## _OFO_ '_SE_

(Invocation for Protection)

**_Ojo_ l'_Ojo_ l_Ojo_'e e b'_Ojo_ n'le osu l'o po_sese_ po_sese_ e e k'osu l'_o_na. A_se_.**

One day chased and chased another day but could not catch

up. One month shuffled and shuffled but met no other month on the road. May it be so.

## OFO 'SE

(Invocation for Protection from Death)

*Alaake - n'igi - ew<u>o</u>n. <u>O</u>r<u>o</u> - l'o - n'ida.*

The ewon tree is the mercy of the axeman. The spoken work is as powerful as the sword.

*Ida - ni - ij'Ifa - akoni, aw<u>o</u>n l'o sa 'gede f'Òrúnmìlà, eyiti iku at'arun nleri re.*

The word is the subdure of the brave, they composed powerful incantations for the Spirit ofDestiny, when he was being threatedned by Death and Disease.

*Òrúnmìlà ni; "E k<u>o</u> le pa mi."*

The Spirit of Destiny said; "You cannot kill me."

***Nwọn ni kini Ọ̀rúnmìlà gb'oju le.***

> They asked the Spirit of Destiny where he received his confidence.

***O ni; "Mo ti je iku tan, owo Iku ko le to mi."***

> He said; "I have completely consumed Death, the hands of Death cannot touch me."

***O ni; "Ori ti abahun fi apegede oun naa ni ifi isẹgun, k'igede ti nwọn naa s'ẹmi lagbaja."***

> He said; "The head that the tortoise uses to invoke Spirits in powerful incantations, he uses to conquer the power of Spirits."

***Yii ma sisẹ k'o ma ri mi gbe sẹ o. Asẹ.***

> Render ineffective the incantations being used against me. May it be so.

## __OFO__ __'SE__

(Invocation for Courage)

***Aiya ki if__odo__. Aiya ki if'__olo__. Aiya enu __o__na ki if'onil__e__.***

> The mortar is never afraid. The grindstone is never afraid. A householder never fears his doorway.

***K'aiya mi ma ja mo. K'eru ma ba mi mo o. A__se__.***

> Let me no longer be afraid. Let me have no fear. May it be so.

## __OFO__ __'SE__

(Invocation for Getting a Good Job)

***Bi a ba gba'l__e__ gba'ta, akitan l'a iko o fun.***

> When the rooms and the yard of a house have been swept,

everything is sent to the rubbish heap.

***Omi ki iw<u>o</u>n l'aiye l'<u>O</u>run ki baluwe ma mu'mi.***

Water is never so scarce on Earth and in Heaven that a bathroom would lack water.

***Ewe oriki l'o ni ki nw<u>o</u>n fi'se rere ji mi.***

It is the Oriji leaf that commands them to favor me with a job.

***Tiletona l'a ifi ji <u>o</u>l<u>o</u>gbo.***

It is as a favor that ant is allowed to move freely about the house.

***Ki nwon fi 'se rere ji mi o.   A<u>se</u>.***

Let me be favored with a good job. it be so.

## <u>O</u>F<u>O</u> '<u>SE</u>

(Invocation for Protection when Leaving the House)

***Abisi Olu, ibi s̲e mi, ibi were, ibi bawo.***

Most High, protect me from misfortune, protect me from disruption and the unexpected

***Ibi s̲e me. Ki ibi Iku o s̲e mi loni.***

Protect me from misfortune. Do not let me meet Death today.

***Ki ibi ofo o se mi loni. Eyin lakesin meso kesin re si. As̲e.***

Do not let me met disruption today. May misfortune find itself somewhere else. May it be so.

# ORÍKÌ ÒRÚNMÌLÀ

*ORÍKÌ ÒRÚNMÌLÀ* are invocations used in *Ifa* ritual to praise the historical prophet who founded *Ifa* religion.

# ADURA ÒRÚNMÌLÀ OLUWA MI AJIKI

(Greeting the Ifa Shrine of an elder)

* (Clap three times in front of *Ifa*)

*Ila ji Òrúnmìlà. Ila ji Òrúnmìlà. Ila ji Òrúnmìlà. Mo ji mo ki atola. Mo ki asula. Mo ki as urunenene. Ina ku - ku - ku l 'ahere. Enia ku - ku - ku l'aba. Adifa fun ogojo l'imo ogbojo. O ni 'ti awo yo ogbojo. Ti awo yo ogbojo. Nje Oluwa mi ma jeki tire yo o.*

The house of Light of the Spirit of Destiny and elders of Heaven cast Ifa for the Spirits worthy of praise on the day they were praising the Creator.

* (*Ikunle* and rub hands together in front of *Ifa* )

*Awo ajikí l'awo ajikí. Awo ajikí l'awo ajikí. Awo ajikí l'a ipe awo aja - ale - gbun.*

> The Mystery we salute first, the Mystery we salute first, the Mystery we thank first in gratitude for the Messengers of the Mysteries.

*A da a awon meta nlo bo ori - elu.*

> They all made sacrifice to elevate our consciousness.

*Ori - elu ko gb'ebo lowo won.*

> Our sacrifice is for the elevation of consciousness.

*Awo ajikí l'awo ajikí. Awo ajikí l'awo ajikí. Awo ajikí l'a ipe awo aja-ale̱ gbun.*

> The mystery we salute first, the Mystery we salute first, the Mystery we thank first in gratitude for the Messengers of the Mysteries.

*A da fun iki t'o on yio bo ori - elu.
Yio gba ibo l'owo on.*

> They praise the elevation of our consciousness.

*Iki ji o wewo fini o wewe fini. O wa imu obi o na a si ori - elu.*

> I praise the Mystery, I am guided by head to the inner truth.

*Ori - elu gba lowo re. O ni lowo iki eleyinju ege l'a to mi ibo e.*

> It is my head that guides me.

*Igbana ni iki m 'ekun s 'ekun igbe. O m'ohun s 'ohun yere nkorin wipe.*

> It is the leapord we praise and it is to the leapoard we sing our praise.

*Gb'obi pa o! Awo aye! Gb'obi pa o! Awo aye! Ase.*

> Cola guides us to know the Mystery of Earth. May it be so.

# ORÍKÌ ÒRÚNMÌLÀ

(Praising the Spirit of Destiny)

*Òrúnmìlà elérìn-ìpin, Ajẹ ju ogún, Ibi keji Olodumare akoko Olókun*

> Spirit of Destiny, Witness to Creation, provider of strong medicine, next to the jewel of the Ocean,

*ajao ikoto ara Ado, ara Ewi, ara oke Itasẹ, ara ojumo,*

> Salutations to the native of Ado, native of Ewi, native of the mountain, native of the dawn,

*ibiti ojo ti nmo, waiyẹ ara okẹ l'geti okejẹ ojẹ.*

> the place where the dawn arrives, the place where the native of Heaven comes to Earth.

*Erin fon olagilagi okunrin, ti nmu ara ogidan le, alakete pennepe,*

> The elephant protects us from the disease of man, understanding becomes strong, it forms a calabash of white light,

*pari ipin, oloto kan to ku l'aiye, Oba iku ja gba omo re sile,*

> small matters unfold, an honest man may die any time, he Chief who will protect children from the jaw of death,

*odudu ti ndu or emere, ma ba fo otun ori ti, ko sun won se. Ase.*

> the power that protects the head from elemental spirits, never becomes less than the head itself, because it is the source of power. May if be so.

# ORÍKÌ ÒRÚNMÌLÀ

(Praising the Spirit of Destiny)

**Òrúnmìlà, ajomisanri Agbonniregun, ibi keji Olodumare,**

> Spirit of Destiny, eternal dew and fountain of life, the word and rebounding force, next to the Creator,

**Elerin-ipin, Omo ope kan ti nsoro dogi dogi,**

> Witness to Creation, offspring of the enternal palm tree, which sparks force,

**ara Ado, ara Ewi, ara Igbajo, ara Iresi, ara Ikole, ara Igeti, ara oke Itase,**

> native of Ado, native of Ewi, native of Igbajo, native of Iresi, native of Ikole, native of Igeti, native of Itase hill,

**ara iwonran ibi ojumo ti nmo waiye, akoko Olokun, oro ajo epo ma pon,**

> native of the East, generator of the sea, stainless mystic,

*olago lagi okunrin ti nmu ara ogidan le, o ba iku ja gba omo e sile,*

> most powerful who bestows youthful vitality, he who recues children from the wrath of death,

**Odudu ti ndu ori emere, o tun ori ti ko sunwon se,**

> the Great Savior who saves youth, he reclaims the lost ones,

**Òrúnmìlà ajiki, Òrúnmìlà ajike, Òrúnmìlà aji fi oro rere lo. Ase.**

> Spirit of Destiny, worthy of morning supplications, Spirit of Destiny, worthy of morning praise, Spirit of Destiny, worthy of prayers for the good things in life. May it be so.

# ORÍKÌ ÒRÚNMÌLÀ

(Praising the Spirit of Destiny)

**Òrúnmìlà, Bara Agboniregun,**

Spirit of Destiny, the word and rebounding force,

**adese omilese a - mo - ku - Ikuforiji Olijeni Oba - Olofa – Asunlola nini - omo - Oloni Olubesan,**

We call you by your names of power.

**Erintunde Edu Ab'ikujigbo alajogun igbo - Oba - igede para petu opitan - elufe, amoranmowe da ara re Òrúnmìlà. Iwo li o ko oyinbo l'ona odudupasa.**

Power is reborn to defend against the powers of death and destruction, The power of Transformation is with the Spirit of Destiny, There are no strangers on the road of Mystery.

**A ki igb'ogun l'ajule Orun da ara Òrúnmìlà. A ki if'agba Merindinlogun sile k'a sina.**

We praise the medicine of the Forest that comes from the Invisible Realm of the Immortals through the Spirit of Destiny. We praise the sixteen sacred principles of the Creator.

***Ma ja, ma ro Elerin Ipin ibikeji Edumare. F'onahan'ni Òrúnmìlà.***

I call on the Witness to Creation, second to the Creator. My road to salvation is the Spriit of Destiny.

***Iburu, Iboye, Ibose. Ase.***

Take my burden from the earth and offer it to Heaven. May it be so.

## ORÍKÌ ÒRÚNMÌLÀ

(Praising the Spirit of Destiny)

***Alápànkoko, awo mà ju awo lo.***

Alapankoko, one diviner is more powerful than another.

***Awo lę́ gbáwo mi toritori.***

> One diviner can swallow another completely.

***Odídęrę́ fò ó gori irókò,***

> The parrot flies to the top of the iroko tree,

***O fi ohùn jọ agogo,***

> and its voice is like an iron gong,

***Ló ṣe Ifá fún Ifákóredé.***

> Divining for Ifakorede,

***Arèmọ Olódùnmarè, ọmọ atę́ - ęni tán kó tó fi ori ṣe agbeji ara,***

> The son first of the Creator, who protects his body with his large head.

***O ni ę bá mi sọ fún Alára; ępé mo rire.***

> He said; Please inform Alara I have met with good fortune.

***O ni e bá mi so fún Ajerò e pé mo rire.***

> Inform Ajero; tell him I have met with good fortune.

***O ni e bá mi so fún Owáràn - gún àga; epé mo rire.***

> Inform Owanrangun owner of the royal chair; say I have met with good fortune.

***Ire to sonu, ire de. Ire to sonu, ire de. Ire to sonu, ire de.***

> The lost fortune is back again. (3x's)

***Bi iré bá wole, e jé ki a na suúru si.***

> If good fortune enters the house, let us be calm in handling it.

***Bi inú bá le lále jù, ire ó wogbo.***

> If we are quick-tempered or impatient, good fortune will enter the jungle.

***Agbo yaya! Àárin o̱mo̱m ni ma sùn.***

> The joyful! The crowd! I shall die in the midst of a crowd of children.

***Mo gbó̱ pò̱rò̱ làlé̱de; o̱mo̱ we̱e̱re̱ wá bá mi hesàn.***

> I heard the dropping of star apples, children come round and pick up apples for me.

***Ológbò - ji - gò̱lò̱ awo! Awo! Lile awo.***

> The sneaking cat society. The powerful society.

***Olómi àjípo̱n yaya ni Igódó.***

> Onwer of Igodo spring water people wake up early to fetch.

***Awo ló s̱e o̱ká, awo ló s̱e erè.***

> It is the diviners who make the cobra powerless; it is the diviners who make the boa powerless.

*Awo ló se ekùn lajin. Awo náà reé, awo, awo. Lile awo. Ase.*

It is the diviers who made the tiger powerless in the dead of night. It is the diviners, the dangerous diviners. May it be so.

## ORÍKÌ ÒRÚNMÌLÀ

(Praising the Spirit of Destiny)

*Òrun ló mo eni ti yíó là. A - seayé - seòrun.*

Only Heaven know who will be saved.

*Dúndúnké, Eléèrí ipin, ajé - ju - ògun.*

The robust, virle one. One who is the witness to all destinies, one who is more powerful than medicine.

*Òrúnmìlà! Ifá Olokun, asorandayo, Olóòr'ré - àikú, jè - joògùn.*

Orunmila, Ifá, the owner of the sea, who turns misfortune into joy. One who saves people from death, on more effective than medicine.

**Iwo laláwòyè o; Bá mi wo omo tèmi yé o. Òrúnmìlà Agbonnìregùn!**

It is you who can give life to people; Give life to my own children. Spirit of Destiny!

**Njínjí la kífá. Kùtùkùtù la ki Òrisà. Òsán gangan la ki Elégbára.**

It is in the early morning we worship Ifa. It is in the early morning we worship Orisa. It is in the afternoon that we worship the Divine Messenger.

**Mo ji mo ki Ogidi o, Ogidi o ma jíre. Olegbe, Ifá omi à sàn o.**

I wake up and worship Ogidi. Ogidi good morning.

*Arútú regbò, Egbá Irèsì, awo Oro.*
*Ajé, wolé mí, olà, jókòó tì mío.*

> One who boils with rage on his way to Egba bush, the powerful Oro society. Wealth, enter my house; honor sit down with me.

*Ki lo nje l'Ótù Ifè o? Eran ògèdè ni Ifá nje l' Ótù Ifé o. Eran ògèdè.*

> What does Ifá eat in Ife? Ifa eats bananas in Ife. Bananas.

*Òrúnmìlà Àgbonnìrègún, eléèrì ìpín, Ají - pa - ojó - ikú - dà.*

> Spirit of Destiny, the witness of human destiny, One who wakes up and changes the death date of others.

*Obírítí, ète kò tán òràn. Òrúnmìlà pèlé o, olóore àjí - kí.*

> The orbit, intention does not settle any matter. Spirit of Destiny, I hail you, the kindhearted one who is worshipped every morning.

*Asolásá tíí já okùn ikú. Egboro ni ide, afínjú olójà tíí wo èwù nini.*

> Spirit of destiny who breaks the fetters of death. Owner of brass ornaments, the royal one who is neat and wears gorgeous cloths.

*Egboro ní ide, afínjú olójà tíí wo èwù nini. Olóore àjí-kí, so lójò, eni lérò.*

> Owner of brass ornaments, the royal one who wears gorgeous cloths. The kind one who bearas fruit in the rainy season, thoughtful one.

*Èlà pèlé o. Èlà jí. Èlà wo? Èlà wo nì mbè? Èlà omo Oyigi.*

> Spirit of Purity, I call you. Spirit of Purity am I praying? Spirit of Purity, son of the Stone.

*Òrúnmìlà Agbo, ótó géé kí o wáá gbé mí. Bóodélé bá mi ki bábá; Bóodélé bá mi kí yèyè.*

Spirit of Destiny bless me. When you get home, commend me to father; when you get home commend me to mother.

**Bóodélé bá mi ki Olókun àjẹtì ayé.
Bà mí kí Òsàràrà omi alẹ̀ Ifẹ̀.**

Commend me to the Spirit of the Ocean who lives in abudnance. Commend me to Sarara, the river of Ife.

**Bóodélé bá mí kí Ogbùrùgbùdù, omi ilé Ijero, omi Atan.**

Commend me to Ogburugbudu, the river of Ijero and the river of Atan.

**Akókonìjìkó ni wọ́n fíí gbé, kí o mówó iwàrà mi kọ̀ mí.**

The whirlwind was used in carraying away Ife in the old days.

**Òrúnmìlà o wáá tó gẹ́ẹ́, kí o mówó iwàrà mí kọ̀ mí.**

Spirit of Destiny it is time to bring me abundance.

*Ireè mí gbogbo ni wàrà ni wàrà. As̲e.*

Bring me all forms of good fortune quickly. May it be so.

## ORÍKÌ Ò̲RÚNMÌLÀ

(Praising the Wisdom of Nature to open Divination )

*Ò̲rúnmìlà Eleri - ipin ibikeji Olodumare.*

Spirit of Destiny, Witness to Creation, second only to the Creator.

*A - je - je - ogun obiriti - a - p'ijo - iku sa.*

He who has the medicine to overcome Death.

*Oluwa mi amoimotan - a ko mo̲ o̲ tan ko s̲e.*

The Creator who knows everything that we do no know.

**A ba mo o tan iba se ke.**

If we had known everything there would be no suffering.

**Oluwa mi Olowa aiyere omo Elesin Ile - Oyin.**

The Creator of Good Things on the Earth, Son of the Owner of the House that is made of honey.

**Omo ol'ope kan t'o s'an an dogi - dogi.**

Son of the owner of the tree that always stands firm.

**Oluwa mi opoki a - mu - ide - s'oju ekan ko je k'ehun hora asaka - saka akun.**

The Creator Opokoi who put the gold chain of protection in his eyes so that the finger of the lion would not scratch and make a rash.

***Omo Oso* - *ginni t apa ti ni - ewu nini.***

Son of Oso-ginni from the Tapa tribe where everyone dresses in fine cloths the Owner of Egun who walks on stilts.

***Omo Oso pa'de mowo pa 'de mese o mbere at epa oje.***

Oso's son who put beads on his wrist and ankles, the gold chain of Oje.

***Oluwa mi igbo omo iyan birikiti inu odo.***

The Creator, Spirit of the Bush, Son of the Round Powdered Yam in the Mortar.

***Omo igba ti ns'ope jiajia.***

Son of the Calabash who created many palm trees.

***Iku dudu at ewo Oro aj'epo ma pon.***

The wise Ancestor with a wordly hand who eats palm oil that is not ripe.

**Agiri ile - ilobon a - b'Olowu diwere ma ran.**

Agiri from the House of Wisdom with plenty of small cotton seeds that never spread.

**Oluwa mi a - to - iba - jaiye Oro a - b'iku - j'igbo.**

Creator it is good living on Earth even with the Spirit of Death lurking in the bush.

**Oluwa mi Ajiki ogege a - gb'aiye - gun.**

Creator we go to greet you in the morning with Ogege who lives to make Peace on Earth.

**Odudu ti idu ori emere o tun ori ti ko sain se.**

The person whose Spirit defends those who die at birth re-shapes bad heads.

*Omo el'ejo ti nrin mirin - mirin lori ewe.*

> Son of the sanke who moves serenely along the top of the leaves.

*Omo arin ti irin ode - owo saka - saka.*

> Son of the Grinder who rules with a clean hand. **Òrúnmìlà a boru, Òrúnmìlà a boye, Òrúnmìlà a bosise. Ase.**

> I beg the Spirit of Destiny to lift your burden from the earth and offer it to Heaven. May it be so.

## IFA ÒRÚNMÌLÀ AJANA

(Praise names for the Spirit of Destiny)

*Ifá Olókun, A–sorò-dayò, Elérìn-ipin, Ibikeji Èdùmàrè.*

The Diviner of the Sea, the one who makes affairs prosper, Witness to Creation, Second to the Creator.

*Òrúnmìla ni Baba wa o e, àwa kò ni Oba méjì, Ifá to Oba o, Òrúnmìlà ni Baba wa, Ifá to Oba o.*

Spirit of Destiny is our Father, we have no other King, Ifa is sufficient to be our king. Spirit of Destiny is our Father. Ifa is competent enough to be king.

*Ká mò ó ka là, Ká mò ó ká má tètè kú, Amòlà Ifè owòdáyé.*

Whom to know is to be saved, whom to know is to live a long life The Savior of Ife from the early days.

*Okùnrin dúdú òkè Ìgètí, Olúwà mi àmò - imò - tán, Olúmmaàmi Òkítíbìrí.*

The Black Man of Igeti Hill, the Chief who cannot be fully apprehended, The Chief Averter.

*Tí npojó ikú dà, a kò mò ó tán iba se, a bá mò ótán Iba se.*

The charger of the determined day of death, not to have full knowledge of you is to fail; to have full knowledge of you is to be successful.

*Onílégangan-ajíkí, Àáyán-awo inú-ibgó, Amáiyégén.*

The first of the many houses that we praise, Chief diviner of the inner forest, powerful medicine of the earth.

*Bara Petu, Baba kékeré Òké Ìgètí, Òrisà tí ó fi gbogbo ayé fi ojú orórì sí pátápátá.*

Father of Ipetu, the small man of Igeti, Spirit who has influence all over the World.

*A bi ara ílu bí ajere, Òrìṣà tí ngbé nkan òle gún, 'Fágúnwà, oko Òkèkú.*

He, whose body can be shifted into many forms, the Spirit who gives strength to the weak, the husband of Oyeku.

*Olómú nlá, a bó'ni má rù, Baba Èṣù Òdàrà, Òrìṣà tí ngba'ni l'ówó eni tí ó ní ìkà nínú.*

The big breasted man who feeds all people without loosing weight, the Father of the Divine Messenger of Transformation, the Spirit who saves us from destruction.

*Baba akéré - fi - inú - ṣe - ogbón, Òpìtàn Ifè, a fún'ni dá.*

Father of small stature who is filled with wisdom, the Great Historian of Ife, he who makes recreation possible.

*Òdùdù tíí du orí ìl émèrè kí orí ìl émèrè má bà áfó.*

Savior of the child of Emere.

***A tún orí ẹni tí kò sunwọ̀n ṣe, fọ́nrọ́n òwú kan sọsọ, ajẹ́ ju oògùn,***

He who changes bad luck into good luck, the Great Mystical Thread of Creation, he who manifests more effectively than charms.

***Ará Ìwọràn ní ibi tí ojú rere ti ímọ́ wá, Baba elépo púpọ̀ má jẹ àdín.***

The original man from the place where dawn breaks, Father and owner of the palm oil that has no need to eat black oil.

***Ayó tẹ́ẹ́rẹ́ gb'ára ṣán'lẹ̀ má fi ara pa, a s'ọ̀rọ̀ d'ayọ̀.***

The young one who falls without injury, he who transforms worry into happiness.

***Kí a mọ̀ ọ́ kí a là, Ọba Aládé Olódù Mẹ́rìndínlógún.***

To know Him is to find salvation, Chief of the Sixteen Principles of Creation.

**Òrun ló mo eni ti yíó là.**

Only Heaven know who will be saved.

**Onílé orí òkè tí nrí àfòpin eye, s'ayé s'Orun Ìbíní.**

Owner of a large house that is high enough to see the limit of the flight of the birds, dweller of earth and Heaven.

**A jí pa ojo ikú dà, Baba mi Àgonnìrègún, a tó í fi ara tì bí òkè.**

He who wards off imminent death, my Father who we can lean on forever because He is as strong as a rock, He is the best person to spend time with.

**Ògègé a gbé ayé gún, agírí Ilé Ìl ógbón, àmòì – mò tán.**

Light that stablizes life, Chief of the town of Wisdom, He cannot be fully defined.

**Omo àdó baba tí i w'èwù oògùn, Àjànà età tí i mú orí ekùn ns è'bo suuru suuru.**

Father that wears a garmet filled with charms, Ajana who sacrificed a lion's head.

**Òrìsà oko àjé, Olójombán a rí apá eran sé ogun, ase èyí tí ó sòro íse.**

Husband of the Mothers, the Chief who conquers with the medicine of a goat, He who can perform the most difficult task.

**Èdú Olójà oribojo, Oba a tun omo dá bí èwu, Òkunrin a tó eyín erin ní fifon.**

Most respected Black King, King who creates without effort, the powerful man who creates music on the tusk of an elephant.

***Ikò Ajàláiyé ikò Ajàl òrun.***

Chief Messenger, the link between the Chief of the Earth and the Chief of the Realm of the Ancestors.

***Òkítíbìrí, a - pa - ojó - iku - dà.***

The Great Changer who alters the time of death.

***Iríjú Olodumare.***

The prime minister of the Creator.

***Alátunse aiyé.***

The one who whose function it is to set the world right.

***Ikuforiji.***

The Being who Death honors.

***Oba Olofa asùn l'Ola.***

The ruler who draws blessings and prosperity after him and who sleeps in the midst of honors.

***E*rintunde.**

>Laughing comes back to the world from the Realm of the Ancestors.

***O*wá.**

>Being who fills humanity with joy.

**Olub*e*san Olu - li - ibi - *e*san.**

>The Chief Avenger of Wrongs.

***E*là *o*m*o* Oyígíyìgí *O*ta Omi *E*la.**

>Child of a very hard Stone that is not affected by a cold stream of water.

***È*là *o*m*o* Oyígíyìgí *O*ta aiku *E*la.**

>Child of a mighty immovable rock that shall never die.

**Ot*o*t*o* - *È*nìyàn.**

>The Perfect One.

**Olúwa mi agírí - il *ó*gb*ó*n.**

>The Chief of Perfect Wisdom.

**Omo ti abi lòkè'tase.**

    The child born on the hill of Itase.

**Omo ejo méjì.**

    Child of two serpents.

**Akéré f'inú Sogbón.**

    Small person with a mind full of wisdom.

**Akóni - l óràn - bí ìyekan - eni.**

    He who gives one wise and brotherly cousel like ones relatives.

**Okukuru Ókè Ìgègí.**

    The small man of Igeti Hill.

**Bara Àgbonnìrègún.**

    Chief of the sacred coconut palm.

**Afedefeyo.**

    Speaker of all languages.

**Gbólájókó.**

> He who sits on honor.

**Olúwa mi àmòimòtán.**

> Chief who knows all.

**Ikú dúdú àtéwó, Òrò je'po má pon, Òro a bá ikú j'ígbò.**

> Black death of the palm, the Mystic who eats lots of palm oil and does not turn red, the Mystic who wrestles with death.

**Òrun ló mo eni tí yíó là.**

> Only Heaven knows who will be saved.

**A - seayé - seòrun.**

> One who lives on earth and lives in heaven.

**Dùndúnké, obinrin o - fidi - han - ni - káso.**

> The robust, virle one who does not refuse a woman's advances.

**Eléèí ipín, ajé - ju - ògùn.**

One who is the witness of all destinies, one who is more effective than medicine.

**Òrúnmilà!**     **Ifá**     **Olokun, Asorandayo.**

Spirit of Destiny, the owner of the sea, who turns misfortune into joy.

**Olóòrérè - àikú, jè - joògùn.**

One who saves people from death, one more effective than medicine.

**Iwo laláwòyè o.**

It's you who can life to people.

**Bá mi wo omo tèmi yè o.**

Spirit who gives life to my children.

**Aji - pa - ojó - iku - dà.**

One who wakes up and changes the day of death.

# *ORÍKÌ ELA*

*ORÍKÌ ELA* are invocations for the Spirit of Light who guided the prophet *Orunmila*. Priest of *Ifa* invoke possession with the Spirit of Light during divination, when making offerings, during initiations and when doing healings.

# ORÍKÌ ELA

(Invocation for possession by the Spirit of Destiny)

*Ela omo osin. Ela Omo Oyigiyigi ota omi.*

Spirit of Manifestation, child of the Ruler. Spirit of Manifestation, child of the offspring of the Stone in the Water.

*Awa di oyigiyigi. A ki o ku wa.*

We ourselves become manifestation. The stone that birthed the Spirit of Manifestation will never die.

*Ela ro a ki o ku mo, okiribiti. Ela ro (Sokale) Orunko Ifá.*

The Spirit of Manifestation has descended to Earth, we die no more. This is the name we give to Destiny.

***Entiti ngba ni l'a. Nwon se ebo Ela fun mi.***

He is the one who saved us. We have made sacrifice to the Spirit of Manifestation.

***Ko t'ina, ko to ro.***

He is of no substance. He is too small to be thought of.

***Beni on (Ela) ni gba ni la n'Ife, Oba - a - mola.***

Yet He delivered the Immortals from all trouble, the Chief for whom to know is to be saved.

***Ela, Omo Osin mo wari o! Ela meji, mo wari o.***

The Spirit of Manifestation, Son of the Ruler, I praise you. The Spirit of Manifestation, the Spirit of Manifestation, I praise you.

*Ela mo yin boru. Ela mo yin boye.
Ela mo yin bosise.*

Spirit of Manifestation praise the sacrifice that opens the way. Spirit of Manifestation praise the sacrifice that brings life. Spirit of Manifestation praise the sacrifice that proceeds work.

*Ela poke. Eni esi so wa soro odun. Odun ko wo wa sodun.*

The Spirit of Manifestation has appeared. The friend has returned for this year's festival. The celebration returns.

*Iroko oko. Iroko oko. Iroko oko.*

I come Iroko oko. I come Iroko oko. I come Iroko oko.

*Odun oni si ko. Ela poke. Ela ro. Ela ro. Ela ro, ko wa gbu're.*

The celebration has returned. The Spirit of Manifestation has appeared. Holy Spirit descend.

Holy Spirit descend. Holy Spirit descend, prayers to accept.

**_E_la takun wa o. _E_la ro o. Eti ire re. _E_la takun ko wa gbu're.**

Holy Spirit with string descend. Holy Spirit descend. Be the ears of our prayers. Holy Spirit with string descend to accept our prayers.

**Enu ire re. _E_la takun ko gbure. Oju ire re.**

Hear the lips of our prayers. Holy Spirit with string descend to accept our prayers. Hear the eyes of our prayers.

**_E_la takun ko wa gbu're. _E_la ma dawo aje waro. _E_la ma d'_e_s_e_ aje waro.**

Holy Spirit with string descend to accept our prayers. Holy Spirit with lips of blessing embrace us. Mighty Spirit with lips of blessing embrace us.

*Atikan Sikun ki oni ikere yo ikere.*

> From door to door remove the hinges.

*Ipenpe 'ju ni s i'lekun fun ekun agada ni si'ekun fun eje.*

> He who removes the hinges opens the eyelids for tears.

*Ogunda'sa iwo ni o nsilekun fun Ejerindilogun Irunmole.*

> The Spirit of Iron, the Spirit of Wind, the Spirit who opens the door for the Immortals.

*Ela panumo panumo. Ela panuba panuba.*

> Holy Spirit resounding. Holy Spirit rebounding.

*Ayan ile ni awo egbe ile, ekolo rogodo ni awo ominile.*

> Near the crack in the wall where the elders meet, Peace ascended to Heaven and did not return.

*Eriwo lo sorun ko do mo. O ni ki a ke si Odi awo Odi.*

> Upon blockade the Priest for Flockade is called to Earth. He asked us to call upon the Priest of Peace.

*O ni ki a ke si Ero awo Ero. O ni ki a ke si Egún osusu abaya babamba.*

> Upon the shrub thorns he asked us to call. Upon the blockade we call the Priest of the Blockade.

*A ke si Ero awo Ero, ke si Egún o susu abaya babamba a ni eriwo lo si Orun ko de mo, won ni ki Ela roibale .*

> Upon the thick shrubbry thorns we call, to Heaven calmly ascend. Holy Spirit descend.

*Ela ni on ko ri ibi ti on yio ro si o ni iwaju on egun.*

> The Peace of the Holy Spirit said; "I have nowhere to descend."

*Eyin on o̱su̱su̱ agbedem'nji on egun o̱su̱su̱, awo fa ma je̱ ki'iwaju E̱la gun mori on tolu.*

> I find the front filled with thorns, I find the rear and the middle filled with thorns.

*Òrúnmìlà ma je̱ ki eyin E̱la gun mosi Olokarembe Òrúnmìlà ma je̱ ki agbedemeje la gun O̱su̱su̱.*

> The humans appealed to the Spirit of Destiny to pray to the Great Spirit of Manifestation.

*E̱la ro. Ifá ko je̱ ki iwaju re̱ se dundun more on tolu.*

> Holy Spirit descend. Remove the thorns from the front and rear.

*E̱la ro. Ifá ko je̱ ki e̱yin re̱ s̱e wo̱ro̱wo̱.*

> Holy Spirit descend. Remove the thorns from the middle.

*E̱la ro. E̱la ni'waju o di O̱dundun.*

Holy Spirit descend. At the front place of Peace, the Holy Spirit becomes manifest.

***Ela ni eyin o di Tete. Ela ni agbedemeji o di worowo. Ase.***

At the rear place of Peace, the Holy Spirit becomes manifest. At the middle place of Peace, the Holy Spirit becomes manifest. May it be so.

# IFÁIYABLE

*IFÁIYABLE* is a prayer that affirms the fundamental beliefs of the *Ifa* religion.

# IFÁIYABLE

(Affirmation of Belief)

*Mo gba Edumare gbo̱, e̱ni oni e̱ni ana e̱ni titi lailai, e̱niti gbogbo Irunmo̱le̱ ati Igbamo̱le̱.*

> I believe in the Creator, the Owner of Today and the Owner of Yesterday, the Owner of All Days to Come.

*Nwari fun ti won si npa a̱se̱ re̱ mo̱, Olupile̱se̱ ati e̱le̱da ohun gbogbo ti a nri, ati eyi ti a ko ri.*

> He to whom all the Immortals pay homage, and for whem they exist to know his laws and commands, Originator and Creator of all things discovered and yet to be discovered.

***Mo gba Orunmila barapetu Elerin Ipin, Ibikeji Olodumare Alafogun Ajejogun.***

I believe in the Spirit of Destiny, the Great Witness to Creation, Second to the Creator, and Owner of Medicine that is More Powerful than Medicine.

***Obiriti ap - ojo Iku da, Odudu ti ndu ori emere, Agiri Ile Ilogbon, Oluwa mi ato ba j'aiye gbo.***

The Immense Orbit that fought the day of Death, the One who Regenerates Youth and Creatures of Bad Luck, He who is Perfect in the House of Wisdom, the All Powerful who Saves.

***Mo gba awon ojise gbo, mo gba Ela mimo gbo bi, Iko ti Odumare nran'se.***

I believe in the Messengers, I believe in the Holy Spirit of Manifestation, Who is the Messenger sent by the Creator.

*Mo gbagbo pe iranse ni Esu nse mo gbagbo pe imisi Oba t'aiyese ni nso ni di ojise.*

> I believe that the inspritation of the most Purative and Corrective Chief proceeds from the Messengers.

*Mo gba Akoda ati Aseda gbo bi, emi imo ai ogbon aiyeraiye.*

> I believe in Akoda and Aseda, the Soul and Spirit of Knowledge and Wisdom since the beginning of Time.

*Mo gbagbo pe ilana ti awon ojise fi lele nipase imisi emi Oba t'aiyese yio ran ni lowo lati ri ona iye.*

> I believe that through the teachings of the Messengers the inspiritation Spirit of the most Purative and Corrective Chief of the world desends and
> ignites and spreads from his hand in order to light the way of life.

*Mo gbagbo pe agbafa ti o ti inu agbara wa mbe lara awon yami.*

> I believe that this power within power exists within the society of wise women.

*Mo gbagbo pe etutu ni a fi ntun aiye se.*

> I believe that it is by propitiaition and atonement that the world is made.

*Mo gba ijoriwo awo agbaiye gbo.*

> I believe in Ijoriwo awo Agbaiye awo of the Universe.

*Mo gba ilana iweri awo bi apere atunbi.*

> I believe in the teachings of Iwere awo as the guide to regeneration and renewal.

*Mo gbagbo̱ pe igbala wa mbe̱ ninu ninu iwa rere.*

> I believe that salvation exists in the exhaltation of good character.

*Mo gbagbo̱ pe e̱mi enia ki nku.*

> I believe that the Soul of Humans does not die.

*Mo gba atunbi gbo̱.*

> I believe in regeneration and reincarnation.

*Mo gba ilana iwosan gbo̱.*

> I believe in the Holy Principles of Healing.

*Mo gbagbo̱ pe jije onje imule yio mu ni po si ninu Ife ara.*

> I believe that the cleansing foods of the covenant are plentiful among the kindred of Ife.

*Mo gba ilana igbeyawo gbo̱ ati pe o to̱ o si ye̱ ki t'o̱ko̱ t'aya.*

I believe in the sacredness of the principles of marriage and that it is honorable for men and women to always be in sober conduct.

***Wa ni airekoja nigbagbogbo ki Edumare fi ese mi mule ninu igbagbo yi. Ase.***

At the feet of the Creator I drink Earth and make Covenant in this faith. May it be so.

# CATERGORIES OF SPIRITUAL FORCES

**àasà** Female Spirits.

**àbikú** The Spirits of young children who live a short life between reincarnations.

**àjínde** The spirit of a deceased ancestor (Egún) who speaks at their own funeral through a medium.

**agbasà** The Spirits of a sacred stones.

**ajobi** Ancestors of a woman, matralineal ancestors.

**Ajogún** Destructive Spirits that bring death, disease and poverty.

These Spirits are generally associated with the Spirit of the Divine Messenger (Èsù) and are considered an aspect of the balancing dynamic that occurs in Nature.

**Àríwa** The Spirits of the North, ancestral Spirits.

**Aronimoja** Spirits of the forest, elemental spirits.

**Ayélalà** The collective Spirit of Ancestral Mothers.

**elénìní** Elemental spirits that block human growth, they are usually generated by interalized fear.

**èbora** The Forces of Nature (Òrìsà), that provide protection, ie the

Divine Messenger (Èsú), the Spirit of the Guardian of Consciousness

(Osun), the Spirit of the Tracker (Òsóòsì), and the Spirit of Iron (Ògún).

**eburu** Destructive elemental spirits.

**eburú** Elemental spirits that work with the Spirit of Infectious disease

(Babaluaiye).

**Égún** The Spirit of an ancestor.

**eléré** The Spirit of a child who dies young and reincarnates with the

same destiny, same as àbikú.

**emere** Elemental spirits.

**Èmí Òrìsà** Spirit of a Force in Nature (Òrìsà).

**Guusu** Spirits of the South, a reference to Spirits who bring spiritual transformation.

**Ìbamolè** Spiritual Forces in Nature (Òrìsà) that are worthy of respect.

**Ìgbamole** Calabash of light, reference to the primal polarity of Creation

at the beginning of time, and a reference to those Spiritual Forces that

bring Light into the World.

**ilà Óòrùn** Spirits of the East, a reference to Spirits of wisdom.

**Ìmólè** Forces of Nature (Òrìsà) in their earliest manifestation as

expressions of light, meaning: "House of Light."

**Ìranse - Olórun** Messengers of the Source of Being (Olódùmarè), praise

name for Forces in Nature (Òrìsà).

**Irúnlè** The Spirits of all the Ancestors (Egún).

**Irúnmòle** Forces in Nature (Òrìsà) that created the Earth.

**Iwin** The spirit of ghosts, a reference to earth bound human spirits.

**ìwò Oòrun** Spirits of the West, a reference to nuturing Spirits.

**Olorí** Spirits that organizes personal consciousness, guardian Spirit, a reference to the Òrìsà associated with a person's character and destiny.

**Olose** Force in Nature, same meaning as Òrìsà.

**Oluéri** Spirits of the Rivers.

**Òòsà** Force in Nature (Òrìsà).

**Òrìsà** Spiritual Force in Nature that guides evolution through the expression of its own unique form of consciousness.

**Òrìsà Ìdílé** Spirits of an extended family.

**Òrìsà ìlú** Spirits who are the guardian of towns and cities in traditional

Yoruba culture each town honored a particular Òrìsà.

**Òrìsà orí** Spirit of personal consciousness, guardian Òrìsà.

**Òrìsà - Oríle** Spirit of the Nation.

**Osara** Forces in Nature, same as Òrìsà, meaning: "One who gathers

children."

**Osi** Spirit of the Ancestors (Egún).

**Olokanran** Spirits of Prophecy, those Spirits who speak of the future.

**wòròkò** Elemental Spirits who work with the Spirit of Infectious disease

(Babaluaiye) to help spread disease.

**SPIRITUAL FORCES**

**Aàjà** Spirit of the Whirlwind.

**Abanigbele** Spirit of Fire, this is a reference to the animating consciousness that exists inside a burning flame.

**Agayu** Spirit of the Fire at the Center of the Earth.

**Àgbìgbò** Spirit of the Forest that causes trouble.

**Agemo** Spirit of the Forest worshipped in the Ijebu region of Nigeria.

**Àguala** Spirit of Venus.

**Àjàlá - mòpin** Spirit who shapes the head and forms the consciousness

of each new born child.

**àjé** Spirit of a Bird used by women (Ìyáàmi) to invoke powers used for abundance and justice. This same power is used to consecrate the crown of the Yorùbá Kings. Also used as a reference to money or abundance.

**Aje Saluga** Elemental Spirit of Abundance, sacred to the Spirit of the

Mothers (Ìyáàmi).

**Akódá** Spirit of one of the Prophet Òrúnmìlà's first two students.

**Aláàànú** Spirit that helps shape consciousness prior to birth, "The Merciful One."

**Alúdùndún Òrun** Guardian Spirit of personal destiny in the Realm of the Ancestors, the Source of personal destiny.

**Àmòká** Spirit of the Sun.

**Amúsan** Spirit of one of the children of the Spirit of the Wind (Oya).

**Apetebi** Spirit of the wife of the Spirit of Destiny (Òrúnmìlà).

**Àpárí - inú** Spirit of the inner self.

**Aroni** Spirit of the forest, elemental spirit with the body of a human

and the head of a dog.

**Arúku** Spirit who transforms and elevates the spirit of the ancestors.

**Àsedá** Spirit of one of the Prophet Òrúnmìlà first two students.

**Abanigbele** The Spirit of Fire, this is a reference to the animating consciousness that exists inside a burning flame.

**Babaluàiyé** Spirit of the Surface of the Earth, this is the Spirit associated with those infectious diseases that are carried by the wind across the surface of the earth during dry and hot times of the year.

**Dada** The Spirit of Vegetables, also the guardian Spirit new born

children with large tufts of hair.

**Ejufiri** The Spirit that shapes consciousness, the foundation of inner strength.

**elekeji eni** Spiritual double, higher self.

**Erinlè** Spirit of Song.

**Èsú** The Spirit of the Divine Messenger, who also as a role as the Spirit of the Divine Trickster and the Spirit of the Divine Enforcer.

**Èdán** Spirit of the Male aspect of the Spirit of the Earth (Onilé).

**Egbéògbà** Spirit honored by the society of women (Ìyáàmi).

**Èlà** The Spirit of Purity, the First Reincarnation of the Spirit of Destiny (Òrúnmìlà).

**Elédà** Creator, associated with the power center between the eyes.

**Ìbéta** Spirit of Triplets.

**Ikú** Spirit of Death.

**Ìpònrí** Higher self, described in Ifá scripture as a person's spiritual double that lives in the Realm of the Ancestors (Ìkòlè Òrun).

**Iponri** The Force in Nature (Òrìsà) that guides the consciousness of a particular individual.

**Ìpòrí** The Spirit of the Big Toe, in Ifá Ancestor reverence the big toe is the place where personal consciousness (Orí) forms a link with Ancestral consciousness (Orí Egún).

**Ìràwò alé** The star Sirius, the Spirit of Sirius refered to as the canoe star in Ifá scripture.

**Irépò** Spirit of Cooperation

**Korí** Spirit who creates the calabash of the inner self.

**Mágbéèmitì** Spirit who shapes consciousness.

**Odù** Spirit of the Womb of Creation.

**Odùdúà** Same as Odùdúwà.

**Odùdúwà** Spirit of Black Character, black is a symbolic reference to that which is invisible, the opposite of light. In some regions of Nigeria this spirit is the primal Goddess, in Ile Ifè this Spirit is the original male Ancestor of Yoruba culture.

**Odumare** Regional variation of Olódùmarè who is the Source of Creation.

**Ofere** Spirit of the Morning Star.

**Ògún** The Spirit of Iron.

**òjìjí** Shadow spirit created by the physical manifestation of a person's negative emotions.

**Òjòntarìgì** Spirit of the wife of the Spirit of Death (Ikú).

**Olódùmarè** Spirit of Creation.

**Olófin** Spirit of the Law, meaning: "Owner of the Law."

**Olojongbodu** Spirit of the Wife of Death (Ikú).

**Olókun** Spirit of the Ocean.

**Olóore** Spirit who shapes the head of infants before birth.

**Olorí - Mérìn** Spirit who protects towns, meaning: "Spirit with Four Heads."

**Olosa** Spirit of the Lagoon.

**Olumu** The Spirit of Understanding.

**Olúworíogbó** The Spirit who makes Heads, meaning: "Creator of the heads in the forest."

**Onílé** Spirit of the Earth, meaning: "Owner of the Earth."

**Oòrùn** Spirit of the Sun.

**Òòsàoko** Spirit of the Farm.

**Opèlé** Spirit of the wiife of the Spirit of Destiny (Òrúnmìlà)

**orí** Spirit of Consciousness, also means head in common usage.

**Òrìsà agbala** Guardian Spirit of the back yard, the younger brother of the Spirit of the Farm (Òrìsà Oko).

**Òrìsà - bi** Spirit of the wife of Orungan.

**Òrò** Spirit of the Forest, invoked as part of Ifá funeral rites.

**Osu** Spirit of the Moon, daughter of the Spirit of Lightning (Sàngó).

**Òsùmàrè** Spirit of the Rainbow.

**Osun** Spirit who protects individual consciousness.

**O'yansa** Spirit of the Mother of the Spirit of the Wind (Oya), meaning: "Mother of Nine."

**Oye** Spirit of the Harmattan Wind, lives in Igeti hill with the Divine Messenger, the male aspect of the Spirit of the Wind (Oya).

**Oba Ìgbàláyé** Spirit of the Four Seasons, meaning: "Chief of the Calabash of the Earth."

**Obalùf òn** Spirit who protects Artists.

**Oba Oke** Spirit of the Mountain.

**Obàtálá** Spirit of the Chief of White Cloth.

**Obba** Goddess of the Iba River.

**Olórun** Ultimate Source of Being.

**Olósà** The Spirit of the Lagoon.

**Oramif e** Spirit of the Father of the Spirit of Lightning (Sàngó).

**Òranmiyàn** The Spirit of War, considered the Father of the Spirit of Lightning (Sàngó) in Ilé Ifè.

**Òrò** Spirit of the Power of the Word.

**Òrungan** Spirit of the child of the Spirit of the Mother of Fishes.

**Òrúnmìlà** Spirit of Destiny, the prophet of Ifá, physical incarnation of the Spirit of Purity (Èlà).

**Òrun Òkè** Spirit of the Mountains in the Invisible Realm of the

Immortals.

**Òsányìn** Spirit of Herbs and Medicine.

**Òsóòsì** Spirit of the Tracker.

**Osun** Spirit of the River, fertility, sensuality and abundance.

**Oya** Spirit of the Wind, Spirit of the River Niger.

**Òràányàn** Spirit of the First King (Oba) of Oyo.

**Òràngun** Spirit of the grandson of Odùduwa.

**Poripon Sigidi** Spirit of Combat.

**Sàaragaá** Spirit that shapes consciousness (Orí), meaning: "The Strange place of Uniqueness."

**Sùngbèmi** Spirit that shapes consciousness (Orí), meaning: "Be Closer to Me."

**Sàngó** Spirit of Lightning, also the fourth Aláàfin of Oyo.

**Sigidi** Messenger Spirit for warrior spirits who protect a particular family lineage.

**Sigidi Sugudu** Spirit of Nightmares.

**Sòponnà** Spirit of Small Pox.

**Yemò** Spirit of the Wife of the Spirit of the Chief of White Cloth (Obàtálá).

**Yemòwó** Spirit of the Wife of the Spirit of the Chief of White Cloth (Obàtálá).

**Yemòja** Spirit of the Ògún River, meaning: "Mother of Fishes."

# PRAISE NAMES

# ÈSÙ

**Agongo ogo** He Who Carries a Club.

**Alajìki** One Who is Addressed First.

**Amónisègùn - mápò** He who has all the Knowledge of Powerful

Medicine.

**Bara** Strength.

**Elégbà** Spirit of Good Character.

**Elégára** Spirit of the Trickster.

**Olófín - àpèká - lúù** Enforcer of the Law Giver.

## ÒSÓÒSÌ

**Ata - mátàsé** The Sharp Shooter.

**Olog arare** Master of Himself.

**Òrìs à ipapo adun** Spirit of Sweat Togetherness.

# ÒGÚN

**Atóónàlórógùn** Hefty Hunter.

**Àwàlàwúlú** Rugged and Rough Spirit.

**Àwònyè Òrìsà** The Enraged Spirit.

**Lákáyé** Chief of the Earth.

**Olú irin** Chief of Iron.

**Olumaki** Chief of Strength.

**Oni're** Chief of the Town of Ire.

**Os ibiriki** The One who Bursts out Suddenly.

**Òsìn Imole** Chief of Spirits.

**Olona** Owner of the Road.

**Òsìn Imolè** First Among the Immortals.

# OBÀTÁLÁ

**A - kè - bí - àlà** Radiant White.

**Alábalese** He Who Predicts the Future.

**Alamorere** Owner of the Best Clay.

**Oluorogbo** Chief of the Medicine of Truth.

**Oluwo Igbo** Chief Diviner of the Forest.

**Òòsáálá** Spirit of Mystic Vision.

**Òòsà Ìgbowújìn** The Spirit who lives in the Distant Forest.

**Òrì s à Al ase** Spirit with the Power of Dreams.

**Òrí sálá** Spirit who Creates Light.

**Òrìsà - og'enia** The Spirit who Owns Humans.

**Oba - i gbó** Chief of the Forest.

**Obalofun** Chief of Pure Speech.

**Obanla** Chief of Purity.

**Obàtálá gbingbin iki** The Big Big Spirit of the Chief of the White Cloth.

**Oba - ti - álá** Chief of Vision.

**Òsèèrèmògbò** Source of Good Things from the Forest.

**Pàkelemò** The Calabash of Wisdom.

# OLÓKUN

**Àjíbáajé** The Spirit Who Wakes up to Discover Money.

**Oba Omi** Chief of the Waters.

# AGANJU

**Elekú o.** Owner of the Cave.

# YEMÒJA

**Olúgbé - rere** Giver of Good Things.

# SÀNGÓ

**Àrìrà** Fast as Lightning.

**Bámbi** Spiritually Reborn.

**Kábiyès í** Greeting of Respect.

**Kábíyès ilè** Greeting of Respect.

**Olúbambí** The Creator helped me before I had this child.

**Olú kòso Àìrá** The Controller of Lightning.

**Olúòrójò** King Who Must Not See Rain.

**Oluoyo** Chief of Oyo.

**Obakòso** Chief of Kòso.

# OYA

**Afefe - jeje** Whirlwind.

**Aférifélégélégé** Mysterious Wind.

**Àjàláiyé** Winds of the Earth.

**Àjàlórun** Winds of the Realm of the Ancestors.

**Efufu - lege - lege** Gentle Breeze.

**Iyansan** Mother of the Child of Nine.

**Olúwèkù** The controller of those who wear the Ancestral masquerade.

# OSUN

**Olodo** Owner of the Brook.

## OSÁNYÌN

**Atoobajayé** The adequate Protector.

# BABLUAIYÉ

**Asin - mo - l'égbàá - ìyànjú** The Mystery of Power that Comes from

Eating the Yam.

**Obalúaiye** "Chief of the hot earth.

**Omolú** Child of heat.

# ONILE

**Ilè Ògéré** House of Perfection.

**Yeye Aiye** Mother of the Earth.

# ÒRÚNMÌLÀ

**Àáyán - awo - inú - igbó** Ayan Tree is the Mystery of the Inner

Sanctum of the Sacred Grove.

**Agbónire** Hunter of Good Fortune.

**Agbónìrègún** Hunter of the Medicine of Good Fortune.

**Aje - ju - Oogùn** Stronger than Medicine.

**A - kò - mò - ó - tán** Not to Have Full Knowledge of You is to Fail.

**Amáiyégún** The Guardian of Medicine on Earth.

**Amodídá** One Who Cuts through Sickness.

**Amòlà Ifé Owòdáyé** "The Savior of Ifé from the Early Days.

**A - sòrò - dayò** One Who Makes Things Prosper.

**Ibìkejì Èdùmàrè** Second to the Creator.

**Ifá Olokún** Diviner of the Sea.

**Ká - mò - ó - ka - là** Whom to know is to be saved.

**Ló - l'òla** Master of tomorrow.

**Ló - l'òní** Master of the Day.

**Ló - lòtunla - pèlu - è** Master of the day after tomorrow.

**Obírítí** The Immense Orbit.

**Olóniimoro** Owner of Cleanliness.

**Olúmmaàmi Òkítíìrí** The Chief Averter.

**Olùnrin - dúdú - òkè - Ìgèté** Black Man from Ogeti Hill.

**Olúwà - mi - àmò - imò - tán** Who Can Most Understand the Source of Being.

**Onílégangan - ajíkí** Owner of the Spirit of the Traditional Drum that is saluted first.

**Òpè** Palm Tree.

**Òsígbìwa** The One who brings the right hand path.

**Ti npojó ikú dà** The Changer of the determined day of Death.

# OLODÙMARÈ

**Èkèmí** First Soul.

**Èmi Mimo** Spirit of All Wisdom.

**Oga - ogo** The Brave One.

**Olúwa** Chief of Character.

**Oba Àlórí** Almighty Chief.

**Oba Òrun** Ruler of the Invisible Realm of the Immortals.

**Obayíya** Highest Chief.

**Olójó Òní** Owner of the Day.

# ÒRUN

**Ìkòlè Òrun** The invisible realm of Spirit.

**Ilé Ifè** The Spiritual capitol of traditional Yorúbà culture, also refers to a Spiritual City in the Realm of the Ancestors (Ìkòlè Òrun).

**ilogbon** House of Wisdom, mystical home of the Spirit of Destiny

(Òrúnmìlà).

**Ipò - okú** Ancestral home of the a person's spiritual shadow (ojiji), place where the spirit of the deceased lingers if it does not receive proper elevation.

**ìsálú - Òrun** The entire Invisible Realm of the Ancestors.

**làí - làí** The beginning of time.

**òde - Òrun** The entire invisible realm, home of the ancestors (Egún) and the Immortals (Òrìsà), the Source of Creation.

**Orîta** The boundary between the visible realm of Creation and the invisible realm of Creation.

**Òyígíyigì** The primal stone of Creation, the Source of Creation.

**Ònòméfà** The six sacred directions, meaning the four directions of the compass plus up and down, or the center axis.

**Òrun - Apadi** Home of disruptive earth bound ancestor spirits

# Yoruba Pronunciation

There are twenty-five letters in the Yoruba language, seven vowels and eighteen consonants.
The vowels are A E E I O O U. The marks under the letters
E and O create different sounds from the letters E and O,
without the marks. Any mark under a Yoruba means you add an H sound to the letter. Marks are found under E, O and S.
The Yoruba alphabet with English words that have the same sound or intonations.
A (ah) Sounds like the A in Ark
B (bee) Sounds like the B in Bee
D (dee) Sounds like the D in Deal

E (ay) Sounds like the E in Eight
E (eh) Sounds like the E in Egg
F (fee) Sounds like the F in Feel
G (gi) Sounds like the G in Give
GB No English equivalent
H (hee) Sounds like the H in Hill
I (ee) Sounds like the I in Bee
J (gee) Sounds like the J in Jeep
K (kee) Sounds like the K in Keep
L (lee) Sounds like the L in Leaf
M (mee) Sounds like the M in Milk
N (nee) Sounds like the N in Nil
O (aw) Sounds like the O in Odd
O (oh) Sounds like the O in Oh
P (pi) Sounds like the P in Pit
R (ree) Sounds like the R in Read
S (cee) Sounds like the S in Sea
S (Sh) Sounds like the S in Sheep
T (tee) Sounds like the T in Tea
U (oo) Sounds like the U in You
W (we) Sounds like the W in We
Y (yee) Sounds like the Y in Yield

Yoruba language is tonal meaning the relative pitch of letters effects the meaning of the word. There are three basic tones used in Yoruba that be described as *do re mi* or the first three notes of the tempered scale. Normal speaking voice would be *re* an accent slanting from left to right would be *mi* and an accent slanting from right to left is *do*.

Made in the USA
Monee, IL
07 July 2021